国家社会科学基金重大项目
“健全城乡融合发展的体制机制研究”（编号：21ZDA059）资助出版

新发展格局下粮食安全研究

曾伟 / 著

XINFAZHAN GEJU XIA
LIANGSHI ANQUAN
YANJIU

中国市场出版社
China Market Press
·北 京·

图书在版编目（CIP）数据

新发展格局下粮食安全研究 / 曾伟著. —北京：
中国市场出版社有限公司，2023.10
ISBN 978-7-5092-2490-8

Ⅰ. ①新… Ⅱ. ①曾… Ⅲ. ①粮食安全 – 研究 – 中国
Ⅳ. ①F326.11

中国国家版本馆CIP数据核字（2023）第201566号

新发展格局下粮食安全研究

XINFAZHAN GEJU XIA LIANGSHI ANQUAN YANJIU

曾伟 著

责任编辑：辛慧蓉（xhr1224@aliyun.com）
出版发行：中国市场出版社 China Market Press
地　　址：北京市西城区月坛北小街2号院3号楼（100837）
电　　话：（010）68033692
印　　刷：北京捷迅佳彩印刷有限公司
规　　格：880毫米×1230毫米　32开
印　　张：6.5　　**字　　数：**144千字
版　　次：2023年10月第1版　　**印　　次：**2023年10月第1次印刷
书　　号：ISBN 978-7-5092-2490-8
定　　价：68.00 元

前 言

粮食事关国运民生，粮食安全是国家安全的重要基础。党中央、国务院高度重视粮食安全问题，始终把解决人民吃饭问题作为治国安邦的首要任务。特别是党的十八大以来，以习近平同志为核心的党中央立足世情国情粮情，确立了“以我为主、立足国内、确保产能、适度进口、科技支撑”的国家粮食安全战略，提出了“谷物基本自给、口粮绝对安全”的新粮食安全观，中国在粮食安全保障方面取得了举世瞩目的成就，牢牢把住了粮食安全的主动权。这一方面归功于国内粮食生产供应能力的大幅提升，另一方面也得益于充分利用了国际农业市场和资源来补充国内粮食供应。

党的十九届五中全会提出，“十四五”时期要加快构建“以国内大循环为主体、国内国际双循环相互促进 ”的新发展格局。就粮食领域而言，维护中国粮食安全，依赖于国内国际双循环共同支撑的局面日益显现。当前世界正面临百年未有之大变局，在俄乌冲突、极端天气频繁等严峻的国际形势下，全球粮食安全存在较大不确定性，我国的粮食安全显得愈发重要。因此，着眼于国内国外双循环新发展格局，系统研究国家粮食安全问题具有重要的理论价值和实践意义。

本书共八章，主要内容分别如下：

第一章是粮食安全总论。系统分析了国家粮食安全“双循环”新发展格局的现实逻辑，面临的新形势，从自给能力、产业竞争力、海外供应链和国际话语权等方面剖析了国家粮食安全存在的“内忧外患”，并提出相关政策建议。

第二章中国饲料粮安全保障的问题。在梳理分析中国粮食消费结构变化趋势的基础上，识别国家粮食安全保障的重点，研究提出未来中国粮食安全问题是饲料安全问题，从生产、消费、科技和进口等方面剖析了饲料粮供给面临的四大难题，研究提出了化解饲料粮供给矛盾的政策建议。

第三章系统分析了粮食产能与农业强国的内在逻辑关系，梳理总结了中国粮食生产能力提升的现实基础、面临的困难挑战，基于增产和减损两端发力的思路，研究提出中国粮食生产能力提升的路径与政策体系。

第四章系统分析了加入世界贸易组织（WTO）以来中国食物供需结构演变，测算了中国食物对外依存度变化趋势，并分析其影响因素，提出了保障食物供应的路径与政策建议，以期为保障国家食物安全提供理论基础和现实参考。

第五章分析了全球粮食安全演变趋势，剖析了世界粮食安全影响因素及传导机制。基于供求角度，从总量、区域布局、品种结构、贸易等维度研判全球粮食供求形势，研究提出科技进步、资源禀赋、人口增速、能源属性增强等是影响全球粮食供求形势的主要因素。

第六章基于长周期视角，分析了1964—2022年间国际粮食价格六次大幅上涨的特征和驱动因素。研究表明，全球粮食价格大幅波动的根源和诱因，自然灾害和极端气候、地缘政治和地区冲突、贸易限制和供应链受阻、资本炒作和投机是国际粮食价格波动进而引发粮食危机的重要影响因素。总结这六次价格大幅波动规律，供求失衡是国际粮价波动的客观基础，资本炒作和投机是国际粮价短期急剧波动的重要推力，原油价格通过成本效应和替代效应与粮价共振等成为国际粮食价格波动的共性特征。

第七章和第八章基于短期视角，分析了新冠疫情后的国际粮食价格波动特征和驱动因素，从贸易冲击、价格冲击和成本传导等维度剖析了国际粮食价格波动对中国的影响。研究结果显示，国际粮食市场波动对国内口粮安全影响有限，但玉米、大豆和食用植物油等进口量较大、市场化程度较高的粮食品种受国际粮价上涨影响较大。

本书的顺利完成，需要感谢各方的帮助与提携。没有家人的支持，本人不可能安安静静地坐在书桌前完成这一切，爱人王世军是我最坚实的后盾和慷慨的支持者。特别感谢中国市场出版社的编辑老师，是她们的信任、鼓励和督促，才使得本书得以顺利出版。由于时间仓促、学术水平有限，书中纰漏之处在所难免，还望诸位多提宝贵意见和建议。

作者

2023 年 9 月

目 录

第一章
新发展格局下中国粮食安全形势与对策研究①

“食为民天，农为政本。”粮食安全事关经济社会发展大局，是国之大者、治国理政头等大事，是永恒的主题。由于国内粮食消费需求日益扩大，从 2002 年开始我国粮食进口出现大幅增长势头，自 2014 年粮食进口总量持续保持在亿吨以上，国际粮食市场日益成为我国粮食安全保障的重要组成部分。党的十九届五中全会指出，要加快构建以国内大循环为主体、国内国际双循环相互促进的新发展格局。就粮食领域而言，既有立足国内，加快构建提升国内粮食供应能力为主的“内循环”机制，也要加强对外合作为主的“外循环”机制，推动两个循环“内外统筹、有机融合、协调促进”，建立更高层次、更高质量、更有效率、更可持续的国家粮食安全保障体系。本章系统分析了国家粮食安全“双循环”新发展格局的现实逻辑、面临形势和内忧外患，研究提出了相关对策建议。

---

① 本章内容原刊于《中国延安干部学院学报》2023 年第 4 期，并进一步作了修改完善。

一、国家粮食安全“双循环”新发展格局的现实逻辑

党的十八大以来，党中央、国务院高度重视粮食安全问题，提出“确保谷物基本自给、口粮绝对安全”的新粮食安全观，确立了“以我为主、立足国内、确保产能、适度进口、科技支撑”的国家粮食安全战略。在一系列强农惠农政策支持下，我国粮食生产取得历史性成就，2012 年粮食产量首次站上 1.2 万亿斤台阶，自 2015 年起连续 7 年保持在 1.3 万亿斤以上；2022 年创造了历史新高，达到了 1.37 万亿斤，人均粮食占有量达到创历史纪录的 486 公斤，明显高于世界平均水平，比 1949 年的 209 公斤增长 133%，三大主粮自给率在 90% 以上，小麦和稻谷甚至 100% 自给，实现人口超级大国由“吃不饱”到“吃得饱”“吃得好”的历史性转变，粮食安全处于历史最好时期。英国经济学人智库（EIU）发布的 Global Food Security Index 2022 对全球 113 个国家（地区）粮食安全状况进行评估，2022 年中国粮食安全指数得分排名第 25 位，比 2021 年上升 14 位；而全球粮食安全水平在 2019 年达到峰值后，已连续三年不断下降。我国在粮食安全保障方面取得的举世瞩目成就，一方面归功于国内粮食综合生产能力显著增强，另一方面也得益于积极稳妥利用国际农产品市场和国外粮食资源补充国内余缺。

虽然我国基本实现了“谷物基本自给、口粮绝对安全”，但是粮食供给结构性短缺仍然突出，饲料、工业和其他用粮

主要依靠进口，缺口较大。1996 年国务院新闻办公室发布的《中国粮食问题》白皮书提出，利用国际资源作为国内生产必要补充，但只起品种、丰歉调剂和区域平衡的作用。但是，随着我国经济快速发展、人民收入水平的提高，在城乡居民食物消费结构优化、消费者需求升级、国内外价差等因素的推动下，我国粮食进口量快速增长。2001—2022 年，我国粮食进口量从 1738.0 万吨迅速提高到 14687.2 万吨，增加 7.45 倍，年均增长 10.7%，进口量与国内产量之比也由 3.8% 扩大至 21.4%。相关研究表明，我国净进口虚拟播种面积已从 2000 年的 1.6 亿亩提高至 8.9 亿亩，占当年国内农作物总播种面积的比重已从 4.7% 提高至 34.1%。由此可见，国际粮食市场和海外农业资源已成为满足国内粮食消费需求和稳定市场供应的重要组成部分，不再仅是调剂作用，需要更加积极充分利用国际资源，减轻国内农业资源环境压力。

虽然国际循环在我国粮食安全保障中发挥了不可或缺的重要作用，但是必须清醒地认识到，对于我国这样 14 亿人口大国，粮食问题具有供给保障内生性、品种替代有限性、影响全局性等政治经济学特征，不仅是重大的经济问题，更是复杂的政治问题和安全问题，必须将饭碗牢牢把握在自己手中，不能过度依赖国际市场。特别是当今世界正处于百年未有之大变局，国际政治局势复杂严峻，贸易保护主义抬头，多边贸易体制受到挑战，逆全球化持续打击全球正常粮食贸易，国际粮食市场面临的风险和不确定性明显加大。尤其是 2020 年下半年以来，受极端天气、俄乌冲突、货币政策等因素影响，国际粮食市场剧烈波动，统筹利用国内国际两个市场，保障国家粮食安全面临着前所未有的压力。面对风险挑战，我们唯有把饭碗牢牢端在自己手上，才能心中不慌，才能为实现第二个百年奋斗目标提供强大基础保障。因此，以国内大循环为主仍是保障国家粮食安全必须坚守的战略底线，要把提高国内粮食综合生产能力放在更加突出位置，加强粮食生产能力、流通能力和储备能力建设，畅通国内大循环。由于人多地少的刚性资源环境约束，完全依靠自己保全部，地不够、水不够，生态环境也承载不了，还需要树立大市场观，更加积极主动利用好国内、国际两个市场、两种资源，增强国内国际两个粮食市场联动，建立国内国际两个粮食供应链相互促进、互为补充的双循环格局。

二、新发展格局下我国粮食安全形势

（一）粮食生产稳步发展，总量不足与结构性矛盾并存

新中国成立以来，党和国家始终高度重视粮食生产，经过不懈探索和制度创新，我国粮食生产取得举世瞩目的成就。据国家统计局数据，1949—2022 年，我国粮食产量从 1.13 亿吨增至 6.87 亿吨，增加 5.7 亿吨；粮食平均亩产从 68.6 公斤增至 387 公斤，增加 4 倍多；在同期人口增加一倍多的情况下，人均粮食占有量从 209 公斤增至 480 多公斤，实现翻了一番多。但是受资源禀赋约束等因素影响，近年来我国粮食增产动能趋

缓，而消费需求强劲增长，粮食供求总量不足与结构性矛盾并存。据《OECD–FAO农业展望报告2021—2030》[①]数据，2022年，我国四大主粮（小麦、稻米、玉米和大豆）产量、消费量为5.73亿吨和6.96亿吨，产需缺口1.23亿吨；但库存充足，高达3.89亿吨，库存消费比为55.6%，远高于18%的国际粮食安全警戒线。分品种看（见图1–1），口粮供求宽松，饲料粮产需缺口较大。我国稻米和小麦约80%用于食用消费，随着人民收入水平的提高，消费呈下降趋势，而产量在最低收购价等政策刺激下稳步增长，自给率均超过95%。虽然受饲用消费增长影响，2022年我国稻米和小麦产需略有缺口，但库存均处于高位，分别高达1.01亿吨和1.42亿吨，期末库存消费比分别为67.5%和103.3%，供应充足。玉米是粮饲料兼用作物，也是食品加工的重要原料，用途比较广。近年来，受种植结构调整和需求增加等因素影响，我国玉米从供应有余到产不足需，2022年产需缺口1461万吨，但期末库存消费比仍高达43.8%。大豆是我国重要的饲料蛋白来源，受城乡居民肉蛋奶消费增长影响，消费迅猛增长，产需缺口大。2022年我国大豆产量、消费量为2036万吨、11993万吨，缺口9957万吨。由此可见，我国基本实现口粮绝对安全，确保饲料粮安全已成为当前国家粮食安全面临的主要矛盾。

---

① FAO即联合国粮食及农业组织（以下简称联合国粮农组织），CECD即经济合作与发展组织（以下或简称经合组织）。

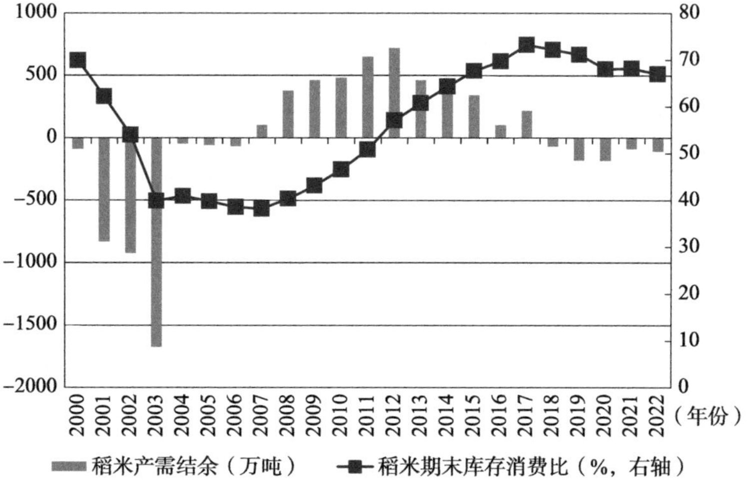
1000
500
0
−500
−1000
−1500
−2000
80
70
60
50
40
30
20
10
0
2000
2001
2002
2003
2004
2005
2006
2007
2008
2009
2010
2011
2012
2013
2014
2015
2016
2017
2018
2019
2020
2021
2022
（年份）
稻米产需结余（万吨）
稻米期末库存消费比（%，右轴）

（a）稻米

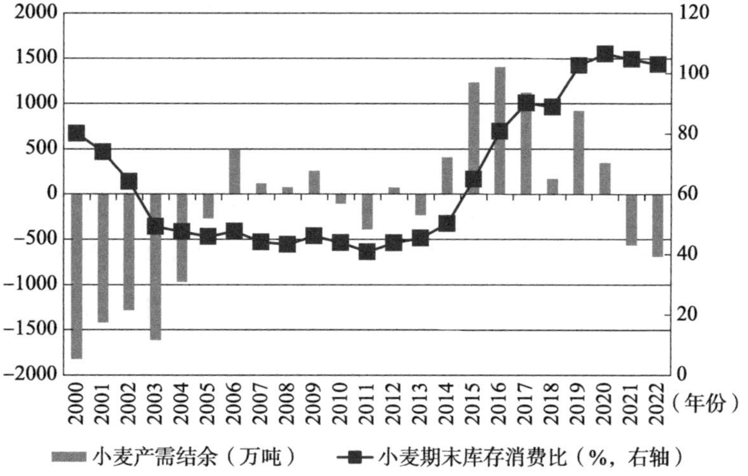
2000
1500
1000
500
0
−500
−1000
−1500
−2000
120
100
80
60
40
20
0
2000
2001
2002
2003
2004
2005
2006
2007
2008
2009
2010
2011
2012
2013
2014
2015
2016
2017
2018
2019
2020
2021
2022
（年份）
小麦产需结余（万吨）
小麦期末库存消费比（%，右轴）

（b）小麦

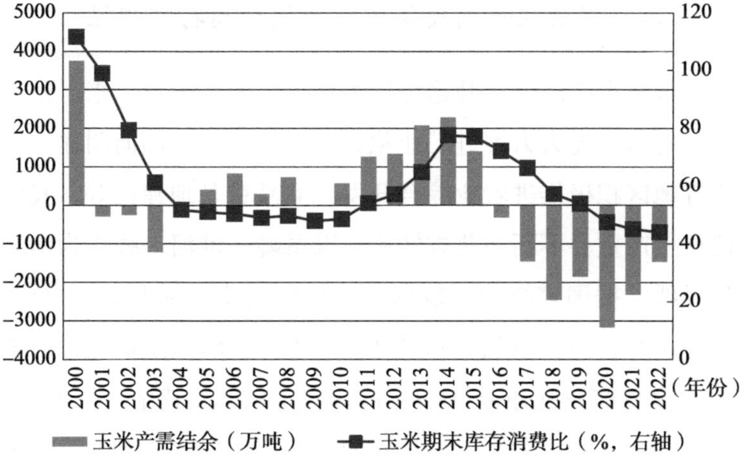

（c）玉米

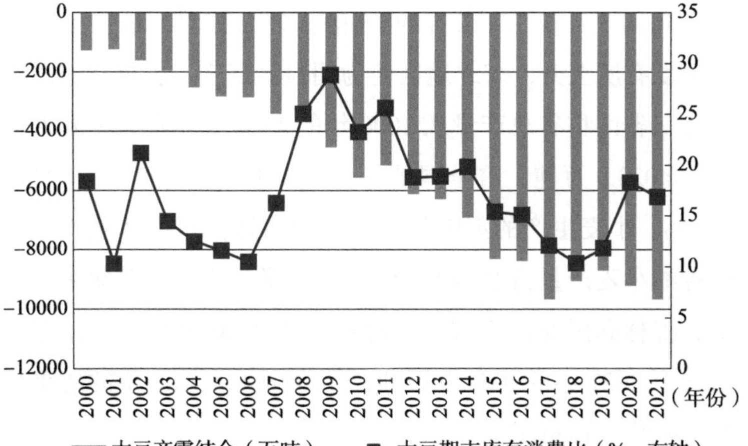

（d）大豆

图 1-1　2000—2022 年我国四大主粮供需变化情况

注：数据来源于《OECD-FAO 农业展望报告 2021—2030》，其中稻米是将稻谷按照 70% 的折算系数而来。

（二）粮食生产高度集中，产销分离特征明显

粮食生产南降北升趋势持续扩大。改革开放以来，由于南方地区率先大力推进工业化，要素投入非农倾向明显，而北方地区积极推进农业综合开发、商品粮基地建设等，我国粮食生产重心不断向北方转移。以秦岭—淮河一线作为南北分界线，据国家统计局数据，2021 年河南、河北等 16 个北方省份粮食总产量从 2000 年的 2.1 亿吨增至 4.1 亿吨，占全国粮食总产量比重从 45.9% 提高至 59.5%。其中，黑龙江、吉林、辽宁和内蒙古四省区粮食总产量高达 1.8 万吨，占全国粮食总产量的 26.7%，其人均粮食占有量高达 1508 公斤，是全国的 3.1 倍，广东省的 15 倍。分品种看，稻谷生产的集中度有所上升，东北地区尤为明显。辽宁、吉林和黑龙江东北三省区稻谷总产量从 2000 年的 1794.1 万吨增加至 2021 年的 4023.0 万吨，占全国稻谷总产量的比重从 9.6% 提高至 18.9%。小麦生产的集中化趋势最为明显，2021 年前六大主产省的小麦产量占全国的 84.6%。玉米生产也日益集中，辽宁、吉林和黑龙江三省玉米总产量从 2000 年的 2335.1 万吨增加至 2021 年的 9356.0 万吨，占全国玉米总产量的比重从 22.0% 提高至 34.3%。

产销不平衡加剧，部分区域自给率持续下降。由于粮食生产比较效益偏低，主销区和平衡区粮食生产积极性弱，综合生产能力提升缓慢，自给水平均严重下滑；而主产区在中央大力支持下，粮食生产能力和自给率均大幅提升。2000—

2018 年，主产区粮食自给率从 121.5% 升至 137.3%。[①] 其中，13 个主产区中超过半数省份自给率在下降，而黑龙江省粮食自给率从 183.5% 升至 360.7%；主销区和平衡区自给率分别从 97.0%、51.2% 降至 67.3% 和 17.1%；其中，浙江、福建、广东的粮食自给率降幅均在 65% 以上。粮食净调出量向少数主产区集中，不仅增加资源环境压力，也使得粮食安全笼罩在流通风险之下。

（三）市场运行总体平稳，部分品种价格有所上涨

受俄乌冲突、自然灾害、货币政策等影响，国际粮食价格出现恐慌性暴涨暴跌。据世界银行数据，2022 年 3 月，国际植物油价格指数、谷物价格指数从 2020 年 3 月的 81 点、92 点上涨至 173 点、159 点，增幅分别高达 114% 和 71%。2022 年 3 月 8 日芝加哥商品交易所小麦期货涨至 1364 美分 / 蒲式耳，触及 14 年来最高点，同比上涨 92%；2022 年 8 月 19 日大幅回落至 750 美分 / 蒲式耳，下跌 45%。

与国际粮价“过山车”式的剧烈波动相比，国内粮食市场运行平稳，价格波动的幅度远低于国际市场，但部分品种价格也有所上涨。据农业农村部《2022 年 9 月农产品供需

---

① 粮食主产区包括黑龙江、吉林、辽宁、内蒙古、河北、河南、山东、江苏、安徽、江西、湖北、湖南和四川 13 个省（区）；产销平衡区包括山西、宁夏、青海、甘肃、西藏、云南、贵州、重庆、广西、陕西和新疆 11 个省（区）；主销区包括北京、天津、上海、浙江、福建、广东和海南 7 个省（市）。

形势分析月报》，国内稻谷和大豆价格保持稳定，2022 年 9 月份，早籼稻收购均价每斤 1.34 元，环比跌 0.7%，同比跌 1.5%；晚籼稻 1.36 元，环比涨 0.7%，同比跌 1.4%；粳稻 1.38 元，环比持平，同比涨 3.8%；大连商品交易所大豆主力合约收盘价每斤 2.94 元，环比持平，同比跌 0.2%。玉米和小麦价格有所上涨。2022 年 9 月，产区玉米批发月均价每斤 1.36 元，环比涨 0.7%，同比涨 6.3%。郑州粮食批发市场普通小麦价格每斤 1.54 元，环比跌 0.2%，同比涨 20.0%；优质麦每斤 1.66 元，环比涨 0.2%，同比涨 17.5%。

（四）进口快速增长，部分粮食品种对外依存度[①]有所提高

自加入世贸组织以来，受国内产需缺口、国内外价差等因素影响，我国粮食进口量快速增长，部分粮食品种对外依存度明显提高，已不再限于“余缺调剂”和“品种调剂”，而成为国内供给的重要组成部分。2000—2021 年，我国粮食净进口量从 –44 万吨增加至 15920 万吨，对外依存度从 –0.1% 提高至 18.9%。分品种看，不同粮食品种差异较大，口粮基本完全自给，对外依存度低；而大豆、玉米等饲料粮对外依存度明显提高。虽然近年来我国稻谷和小麦进口有所增加，但进口量占消费量比重低，主要是品质结构调剂，并不是刚

① 对外依存度 = 净进口量 /（净进口量 + 产量）。其中，净进口量数据来源于海关总署，产量数据来源于国家统计局。

需进口。2000—2021 年，我国稻谷、小麦净进口量从 –271 万吨、73 万吨分别增至 968 万吨和 251 万吨，对外依存度分别从 –1.5%、0.7% 提高至 1.2% 和 6.6%。但是，我国玉米净进口量从 –1048 万吨猛增至 2835 万吨，对外依存度分别从 –11.0% 提高至 9.4%。近年来，在振兴东北大豆计划的带动下，我国大豆产量虽然有所增加，但产需缺口大，高度依赖进口满足市场需求。2000—2021 年，我国大豆净进口量从 1020 万吨增至 9645 万吨，对外依存度从 39.8% 提高至 85.4%。由于耕地资源有限，我国食用植物油也高度依赖国际供应。2000—2021 年，我国食用植物油净进口量从 176 万吨增至 1120 万吨，若将进口的食用油籽折算为油，我国食用植物油对外依存度从 32.9% 提高至 73.0%。见图 1–2。

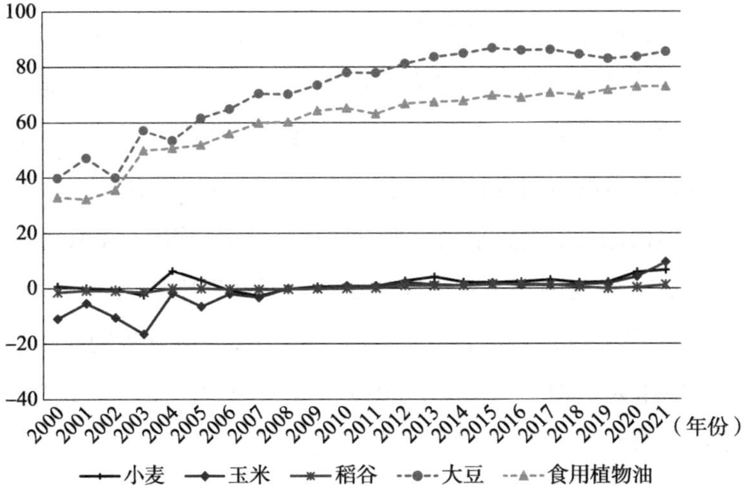

图 1–2　2000—2021 年我国主要农产品对外依存变化趋势（%）

注：进口和出口数据来源于海关总署，产量数据来源于国家统计局。

三、新发展格局下国家粮食安全面临的"内忧外患"

（一）资源约束趋紧，粮食自给能力高度承压

1. 稳定粮食生产的资源环境约束持续加剧，粮食增产潜力有限

粮食是土地和水资源密集型产品，而我国无论是人均耕地面积还是人均水资源量均比较匮乏，部分地区耕地和淡水资源透支严重，粮食生产面临的资源环境约束加剧，稳定粮食生产的难度进一步加大。2021 年 8 月，第三次全国国土调查显示，我国耕地数量和地力下降趋势明显，2019 年耕地面积为 19.18 亿亩，较 2009 年减少 1.13 亿亩；东北地区黑土地有机质含量下降 33.3%，有的地方甚至下降 50%，未来随着城镇化、工业化发展，耕地面积还将继续减少。随着气温升高，未来一段时间我国农业灌溉用水量将增长 6%～10%，2030 年有效灌溉面积的缺水量约 900 亿立方米，水资源约束将更紧。依靠肥料提高粮食产量的空间也有限，近年来，我国化肥使用量虽有所下降，但仍远高于世界平均水平。据联合国粮农组织（FAO）数据，2020 年我国每亩农作物氮肥、磷肥和钾肥使用量分别是全球平均水平的 2.6 倍、2.4 倍和 2.9 倍。以 2020 年同比增速 0.85% 作为年均增速测算，2026 年我国粮食产量将达到 7.04 亿吨，粮食产量增加 0.5 亿吨将用时 11 年。

2. 粮食消费刚性增长，自给能力高度承压

据《国家人口发展规划（2016—2030）》，我国人口将在

2030年达到峰值14.5亿，届时粮食消费总量也将迎来峰值。在国家粮食安全战略实施下，我国口粮供应绝对安全，将保持较高自给率，预计2030年稻米、小麦需求量将分别为1.97亿吨和1.30亿吨，净进口量为313万吨和258万吨，自给率均高达98%。但随着人民收入水平和生活水平进一步提高，饮食消费不断升级，肉蛋奶等动物类食品消费增长，我国饲料粮食消费将继续保持增长态势，玉米和大豆等能量饲料和蛋白饲料原料自给能力仍将明显下降。预计2030年玉米、大豆需求量将分别达到3.24亿吨和1.48亿吨，净进口量将达到5386万吨和12915万吨，自给率将从2019年的98%、17%降至83%和13%。按照目前的农业科技水平，为保障粮油肉蛋奶等食物消费需求，预计2025—2030年，需要42亿～43亿亩的农作物种植面积，与2020年相比缺口18亿亩左右。如果把各类食物的消费需求量转化为种植面积需求等值计算农业资源自给率、食物自给率，估计2025—2030年我国农业资源自给率和食物自给率将从2000年的90.2%、93.6%下降至57.4%和59%。

（二）产业竞争力弱，粮食安全基础不牢固

近年来，随着柴油、化肥等农资价格、人工成本和地租价格持续上涨，种粮成本不断攀升，成本收益国际竞争力较弱。

1. 种粮生产成本高

据《全国农产品成本收益资料摘要2021》，从2008年到

2021年，稻谷、小麦、玉米三种主粮的平均总成本从562.42元/亩涨至1119.59元/亩，上涨1.99倍。其中人工成本占比最高，2020年占总成本的41.8%，较2008年上涨2.5倍；土地成本上升速度也较快，从99.62元/亩上升到238.82元/亩，上涨2.4倍。与美国相比，2020年我国每亩稻谷、小麦、玉米和大豆生产总成本分别高143元、659元、295元和152元，高出13%、180%、38%和27%。中美粮食生产总成本最大的差异是人工投入和地租。人工投入方面，中国占30%～40%，美国不到10%。地租方面，中国比美国高70%以上。解决地租问题还面临国家惠农政策强化或者粮食价格上涨时，地租随即跟涨的困境。

2. 种粮收益偏低

无论与外出务工、经济作物还是与国外相比，我国种粮比较效益均较低。据《全国农产品成本收益资料摘要2021》，2020年我国每亩稻谷、小麦、玉米、大豆和油菜籽的净利润分别仅为49元、-17元、108元、-60元和-139元，而蔬菜平均净利润高达3802元；与美国相比，2020年我国每亩水稻和大豆净利润分别低75%和444%。据国家统计局数据，与外出务工相比，2021年我国粮食亩均收益为824元（未扣除人工费用、土地费用和固定资产折旧），而外出务工农村劳动力人均月收入5013元，按照我国"户均不过十亩"的现状测算，农户种植十亩粮食的收益不足外出务工两个月收入，我国部分地区耕地季节性撂荒、粗放经营等隐性撂荒可能加剧。

3. 种业“卡脖子”问题突出

种子是国家粮食安全的关键。党的十八大以来，我国种业发展取得明显成效，自主选育粮食种子品种种植面积超过 95%，水稻、小麦两大口粮作物品种 100% 自给，基本做到了“中国粮主要用中国种”。但是与国际相比，我国玉米、大豆单产水平较低。据美国农业部数据，2022 年我国玉米单产 429 公斤 / 亩，略高于世界平均水平，但仅是美国的 59%；大豆单产 132 公斤 / 亩，比世界平均水平低 30%，是美国的 59%、巴西的 56%、阿根廷的 69%。此外，我国主粮作物新品种多而不优、同质化严重，种子企业规模小、市场集中度低，创新能力弱，国际竞争力不强。

（三）海外粮食供应链脆弱，国际安全性有待提高

近年来，我国粮油肉蛋奶糖等重要农副产品消费快速增长，缺口已成规模，进口大幅增长，国际粮食市场已成为我国粮食乃至食物安全的重要组成部分。但是，由于我国粮食进口量大，全球贸易占比高，对外依存度和集中度不断攀升，对粮食海外供应链安全性要求也越来越高。

1. 进口国高度集中

目前我国已准入的各类粮食来源国达 40 余个，但主要进口粮食贸易仍主要集中在美国、加拿大、澳大利亚和南美地区。据联合国商品贸易统计数据库（UN Comtrade），2021 年我国 64% 稻米进口量来自越南、印度和巴基斯坦，78% 小麦进口量来自法国、加拿大和美国，94% 玉米进口量来自美国

和乌克兰，97% 大豆进口量来自巴西、美国和阿根廷，95% 高粱进口量来自美国、阿根廷和澳大利亚。这种贸易格局极易形成卖方垄断势力，易受主要出口国政治局势、贸易政策、自然灾害等影响，极端情况下甚至对我国采取出口限制措施，增加供应的不确定性风险。比如，受俄乌冲突影响，2022 年 1—10 月我国进口乌克兰玉米 494 万吨，较上年同期减少了 32%。

2. 进口渠道高度集中于少数跨国公司

美国 ADM、邦吉、嘉吉和法国路易达孚四大国际粮商垄断了全球约 80% 的国际粮食贸易，控制农资、贸易、加工、仓储、物流等多个环节。相较于“四大粮商”的百年布局，国内粮食企业在全球主要粮食出口地区的产业链布局起步较晚，还没有形成收购、加工、仓储、运输一体化的全产业链模式，在国际粮食贸易中依然处于采购模式，对全球主要粮食出口地区供应链的掌控范围和力度弱。

3. 物流通道单一，自主运力明显不足

我国进口粮食绝大部分通过海运运输，马六甲海峡、巴拿马运河、苏伊士运河等“咽喉要道”是必经之路，一旦这几个关键节点被“一剑封喉”，将严重影响甚至阻断我国粮食进口供应链。相较于庞大的进口需求，我国的远洋运输能力明显不足。亿海蓝船讯网的商品运航大数据显示，2021 年我国进口大豆到港船舶为中国船东占比仅 15%。2022 年全球排名前十的国际海运公司中，我国大陆地区仅中国远洋海运集团上榜。

（四）国际定价权缺失，粮食进口成本高

定价权是指影响国际市场粮食价格的能力。粮食作为大宗商品，国际贸易以期货交易为主，国际价格以期货价格为基准。美国芝加哥期货交易所是世界上最发达的农产品期货交易中心，全世界 90% 以上的谷物期货交易都在该交易所进行，玉米、大豆、小麦的全球价格通常都由其决定。美国农业部所发布的各类农产品供需报告是影响芝加哥期货价格的关键因素，美国也由此牢牢掌控着全球农产品定价权。当粮食主产国发生自然灾害时，美国农业部就会调减粮食产量，人们对粮食价格产生较高的上涨预期，基金机构就开始“顺市”炒作芝加哥农产品期货价格，进而推高国际农产品现货价格。比如，2004 年我国“大豆风波”就是由美国农业部对全球大豆产量的大幅下调引起。因天气因素，2003 年 8 月至 2004 年 5 月，美国农业部不断下调全球大豆产量，芝加哥期货交易所（CBOT）大豆价格应声而涨，从 526 美分 / 蒲式耳涨至 985 美分 / 蒲式耳，涨幅高达 88%（图 1–3）。但是，自 2004 年 6 月起，美国农业部又不断上调全球大豆产量，导致 CBOT 大豆期货价格一路下跌至 527 美分 / 蒲式耳，跌幅为 46%。国际大豆价格的暴涨暴跌导致约 70% 的国内大豆压榨企业停产或倒闭，国际大粮商借机大量低价收购停工企业或参股压榨企业，控制国内大豆压榨行业。

虽然我国既是全球粮食生产、消费和贸易大国，每年进口大量粮食等农产品，特别是大豆进口量约为全球贸易量的六

成，但由于国内粮食期货交易所存在标准化程度低、交易规模小、管理制度落后、市场较为封闭、国际投资者少等问题，国际影响力依然低，导致我国在国际粮食市场中定价话语权小，与进口大国的地位不匹配，存在“买得贵”风险。2022 年 1—7 月，我国粮食进口数量同比减少 7.1%，但进口金额同比增加 15.9%，已超过新冠疫情前 2018 年、2019 年全年粮食进口金额。

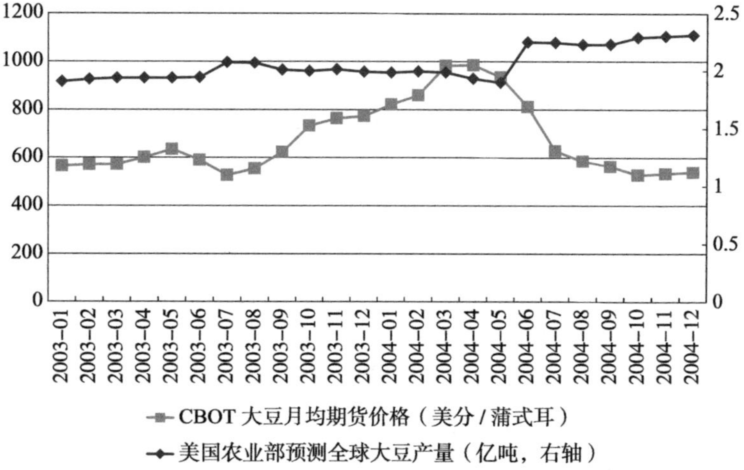

图 1–3　2003—2004 年美国农业部对全球大豆产量的预测

注：数据来自美国农业部和芝加哥期货交易所。

四、相关政策建议

（一）落实“两藏战略”，提高国内粮食综合生产能力

一是要全面落实粮食安全党政同责，压实地方粮食安全

主体责任，提高地方重农抓粮积极性，避免各地尤其是粮食主销区出现粮食生产大滑坡。二是深入落实藏粮于地，牢牢守住 18 亿亩耕地红线，确保耕地规模，坚决防止耕地“非农化”“非粮化”。加强粮食生产功能区和粮食安全产业带建设，强化中低产田改造力度，加大高标准农田建设力度，深入推进耕地质量提升行动，加快耕地质量提升等，确保耕地数量不减少、质量有提升。持续完善农田水利基础设施，加强大中型灌区建设改造，大力发展管道输水，减少渗漏蒸发损失，提高水资源利用效率。三是加强农业科技创新，加快制定与实施种源“卡脖子”攻关计划，夯实种业科技自立与自强的基础。加强农业技术集成创新和推广力度，推广一批高产高效栽培、病虫害绿色防治、农艺农机适用等技术，提高粮食生产效率。四是强化粮食生产政策支持，构筑农业补贴、保险政策、价格支持“三位一体”支持体系，保障种粮农民收益，提高农民种粮积极性；构建中央政府向主产区加大一般性转移支付、主销区向主产区补偿性转移支付的机制，保证主产区种粮不吃亏。

（二）践行大食物观，构建多元化食物供给体系

一是树立“大食物观”，正确处理好粮食安全与食物安全、营养安全的关系，统筹开发山水林田湖草等资源，大力发展非粮食物资源。粮食安全问题的实质是食物安全。我国具有面积广大的耕地、园地、林地、草地、湿地和水面，粮食、蔬菜、瓜果、油料、糖料、肉蛋奶、水产等各类食物生产潜

力巨大，要统筹考虑粮食在内的各类农产品生产，尤其是大力发展草食畜牧业，减轻对饲料粮的需求压力。二是在不断开拓和丰富食物来源的同时，也注重减少粮食产后损失和食物浪费。据有关测算，我国粮食收获、储藏、运输、加工和销售环节的综合损失率高达15.28%，每年损失量超过700亿斤。据《中国城市餐饮食物浪费报告》，每年餐桌浪费相当于3000万～5000万人一年食物量，要进一步加强节粮减损技术宣传，普及节粮减损知识，号召全社会形成节粮减损良好风尚，使“减损即增产”的理念深入人心，最大限度地减少粮食损失和浪费。

（三）畅通国内国际“双循环”物流通道，完善粮食物流体系

一是健全完善国内大循环粮食物流体系，重点在“两横、六纵”八条产销区跨区域调运的铁路、水运等干线上，选点集中布局核心层级的粮食物流枢纽，主要承载国家粮食干线调运，以及向区域进行分拨等核心功能。针对北粮南运物流体系建设存在“北重南轻”“主线强支线弱”的情况，加强长江流域等主销区粮食物流体系基础设施建设，依托主要物流节点，按照“物流＋产业”的模式，谋划一批大型粮食物流产业园区，打通北粮南运物流通道的“最后一公里”。二是发展多元化国际粮食运输通道。依托“一带一路”合作，构建“国际国内联动”的粮食进出口物流体系，鼓励大型粮食企业布局和发展境外粮食物流节点，密切与境外物流企业的协作，

提升在粮食出口国主要港口、重要物流节点的影响力。充分利用中欧班列回程运力，拓展新的粮食进口运输通道。加强远洋运输能力建设，提升中资远洋船队规模和竞争力，提升粮食进口“国货国运”比例。

（四）强化海外粮源掌控与获取，提高供应链稳定性

一是实施进口多元化战略。稳定现有粮食来源国的贸易预期，加强合作，形成利益共同体。以共建“一带一路”国家为重点，积极拓展新的贸易伙伴，重点加强同南美、撒哈拉以南非洲、黑海地区等粮食增产潜力大的国家（地区）开展合作，通过贸易、跨国并购等方式建立海外粮食生产和收储基地，促进进口多元化。二是培育具有国际影响力的大粮商，支持灵活运用产能合作、股权投资、签订长贸协议等多种合作模式，获取稳定的海外资源。三是依托大连商品交易所和郑州商品交易所，完善期货品种结构，丰富产品类型，实现价格、产品和制度与国际接轨，吸引更多的境外投资者参与进来，着力提高我国农产品期货市场的国际影响力和话语权。四是建立全球农业资源数据库，实施跟踪各国粮食产需、贸易情况，以及生产投入品、能源、天气、国内国际政局等影响因子变化，及时预警市场波动，提前谋划对冲风险。

参考文献

[1]程国强，2022.从粮食安全到食物安全：战略考量与政策逻辑

[R].CMF中国宏观经济专题报告(45).

[2]杜鹰，张秀青，梁腾坚，2020.国家食物安全与农业新发展格局构建[J].农业经济问题(9):4-10.

[3]仇焕广，雷馨圆，冷淦潇，刘明月，2022.新时期中国粮食安全的理论辨析[J].中国农村经济(7).

[4]方言，2018.农产品进口与水土资源利用[J].世界农业(10).

[5]华树春，钟钰，2021.我国粮食区域供需平衡以及引发的政策启示[J].经济问题(3).

[6]黄季焜，解伟，2022.中国未来食物供需展望与政策取向[J].工程管理科技前沿(1).

[7]李雪，吕新业，2021.现阶段中国粮食安全形势的判断：数量和质量并重[J].农业经济问题(11).

[8]刘慧，2022.精准把握粮食进口规模和节奏[N].经济日报，2022-11-24.

[9]马洪涛，2021.入世20年中国农产品贸易发展及趋势展望[J].农业经济问题(12).

[10]杨阳，高苗苗，刘志颐，2017.关注《世界农业供给与需求评估报告》对中国农业安全的影响[J].世界农业(11).

[11]叶兴庆，程郁，张诩，2022.我国粮食海外供应链的短板弱项及对策建议[R].国务院发展研究中心调查研究报告第300号(总6814号).

[12]曾伟，2023，我国粮食安全形势、风险隐患与应对策略[J].中国延安干部学院学报(4).

[13]赵霞，陶亚萍，曹宝明，2022.中国粮食产后损失评估分析[J].干旱区资源与环境(6).

[14]朱晶，李天祥，臧星月，2021.高水平开放下我国粮食安全的非传统挑战及政策转型[J].农业经济问题(1).

第二章
新发展格局下中国饲料粮供给安全问题研究

饲料粮主要包括玉米、豆粕为主体的粮油资源，是保障“肉蛋奶”等动物性食物供给安全的重要基础。随着我国城乡居民食物消费结构升级，肉蛋奶消费快速刚性增长，饲料粮供给不足问题日益凸现，已成为影响我国粮食安全的“关键变量”。本章在分析了我国粮食消费结构演变趋势的基础上，识别国家粮食安全保障的重点及面临的困难，并提出相关政策建议。

一、中国粮食消费结构的变化趋势

伴随着经济社会快速发展和人民生活水平提高，我国粮食消费基本沿着“贫困－温饱－小康”的轨迹不断演变，粮食消费结构发生了一系列变化，从以口粮消费为主逐步向间接消费转变，口粮消费占粮食总消费的比重不断下降，而饲料粮等间接消费快速增长。

（一）口粮消费总体呈下降趋势

过去20多年，受人口持续增加影响，我国口粮消费刚性增长其逐步进入稳定阶段，但随着城乡居民膳食消费结构转型升级，居民饮食结构中口粮消费占比呈不断下降趋势。从谷物看，根据国家粮油信息中心数据，2000—2022年，我国小麦、稻谷和玉米三大主粮品种口粮消费总量略有增加，从25757万吨增加至27215万吨，增长5.7%，其占国内三大主粮总消费量的比重却从63.0%下降至44.2%。其中，稻谷食用消费从16041万吨降至15950万吨，下降0.6%，占国内稻谷总消费量的比重从84.7%下降至75.9%；小麦食用消费量从8357万吨略增至9380万吨，增长10.9%，但是其占国内小麦总消费量的比重从79.3%下降至73.45%；随着鲜食玉米品种多样化，加之居民对粗粮健康饮食的追求，我国玉米食用消费从1359万吨增加至1885万吨，但是其占国内玉米总消费量的比重从11.9%下降至6.8%。从大豆看，作为重要的植物蛋白来源，随着居民豆制品消费意识增强，国内大豆食用消费快速增长。根据国家粮油信息中心数据，2000—2022年，我国大豆食用及工业消费从639万吨增至1655万吨，增长了61.4%，但是其占国内大豆总消费量的比重从23.4%下降至14.4%。

按照世界银行最新公布的标准，高收入国家的人均国民总收入达到13205美元以上，2022年我国人均国民收入为12604美元，正向高收入国家行列稳步迈进。借鉴发达国家食物消费规律，该阶段食物消费的突出特征是口粮消费下降，肉蛋奶、水产品等动物性食物消费持续增加。国内外食物消费规律表明，未来我国口粮消费将继续减少。据《中国农业展望报告（2023—2032）》，预计2032年我国粮食食用消费量29852万吨，基本与2022年持平，占粮食消费总量的34.4%，较2022年下降3个百分点。其中，稻谷食用消费量预计为14508万吨，占国内稻谷总消费量的68.8%，较2022年下降5个百分点；小麦食用消费量预计为9327万吨，占国内小麦总消费量的66.0%，较2022年下降3.2个百分点；玉米食用消费量预计为1153万吨，占国内玉米总消费量的3.5%，与2022年基本持平；大豆食用消费量预计为1818万吨，占国内大豆总消费量的15.2%，较2022年提高3.2个百分点。

（二）饲料粮消费快速增长

近年来，我国居民膳食结构由“以粮为纲”逐步向“以肉为纲”转变，居民主食消费进入稳定阶段，动物性食物消费快速增长。以总产量加净进口的表观消费量来衡量，综合国家统计局和海关总署数据，2000—2021年，我国牛羊肉、禽肉、牛奶和猪肉消费量分别从778万吨、2505万吨、985万吨和3974万吨增加至1486万吨、2505万吨、6043万吨和5652万吨，分别增长91.0%、103.5%、513%和42.4%。我国畜产品消费的快速增长，拉动饲料粮需求的快速增长。2000—2022年，我国工业饲料总产量从7429万吨增加至

30223.4 万吨，增长 3.1 倍，年均增长 6.6%。与此同时，主要粮食作物的饲用数量也快速增长。根据国家粮油信息中心数据，2000—2022 年，我国小麦饲用量从 820 万吨增至 1700 万吨，最高时达到 3500 万吨（2021 年），占国内小麦总消费量的比重从 7.8% 提高至 13.3%；稻谷饲用量从 1561 万吨增加至 2900 万吨，最高时达到 3350 万吨（2021 年），占国内稻谷总消费量的比重从 8.2% 提高至 13.8%；玉米饲用量从 7961 万吨增加至 21470 万吨，占国内玉米总消费量的比重从 69.7% 下降至 64.6%，主要由于近年来国内玉米价格大幅上涨，小麦和稻谷等替代品饲用消费增加所致。从大豆看，大豆压榨副产品豆粕是我国重要的饲料蛋白来源。受饲用蛋白需求增加影响，2000—2021 年我国大豆压榨量从 1977 万吨增加至 9621 万吨，占国内大豆总消费量的比重从 72.6% 提高至 80.5%。

从发达国家食物消费规律看，我国动物性食物仍将继续增长，并带动饲料粮需求增加，是粮食消费量增加的主要驱动因素。基于 FAO 食物平衡表测算，目前我国动物源膳食热量占比和蛋白占比均明显低于美国、欧盟和日本。据《中国农业展望报告（2023—2032）》，预计 2032 年我国粮食饲用消费量将达到 26938 万吨，比 2022 年增加 3934 万吨，占国内粮食总消费量的 31.1%，较 2022 年提高 2.2 个百分点。其中，稻谷饲用消费量预计为 3582 万吨，比 2022 年增加 1009 万吨，占国内稻谷总消费量的 17.0%，较 2022 年提高 4.9 个百分点；小麦饲用消费量预计为 1632 万吨，比 2022

年减少 68 万吨，占国内小麦总消费量的 12.9%，较 2022 年略降 1.3 个百分点；玉米饲用消费量预计为 21470 万吨，比 2022 年增加 2970 万吨，占国内玉米总消费量的 64.6%，基本与 2022 年持平。大豆压榨消费量预计为 9621 万吨，比 2022 年增加 439 万吨，占国内大豆总消费量的 80.5%，较 2022 年下降 4 个百分点。

（三）工业用粮消费稳步提升

随着工业化和城镇化的快速推进，工业用粮消费稳步增长。据国家粮油信息中心数据，2000—2022 年，我国稻谷工业消费量从 905 万吨增加至 1889 万吨，增长 1.09 倍，占国内稻谷总消费量的比重从 4.8% 提高至 8.2%；玉米工业消费量从 1279 万吨快速增加至 7700 万吨，增长 5.0 倍，占国内玉米总消费量的比重从 11.2% 提高至 27.8%。但是小麦工业消费量从 1053 万吨至 1050 万吨，基本保持不变，占国内小麦消费总量的比重从 10.0% 下降至 8.2%。在“不与人争粮”原则下，未来我国粮食工业消费将会缓慢增长。据《中国农业展望报告（2023—2032）》，预计 2032 年我国粮食工业消费量从 12664 万吨增加至 15273 万吨，增加 2609 万吨，占国内粮食消费量的比重从 15.9% 提高至 17.6%。其中，稻谷工业消费量从 1670 万吨增加至 1889 万吨，增加 219 万吨，占国内稻谷消费总量的比重从 7.9% 提高至 9.0%；小麦工业消费量从 1220 万吨增加至 2041 万吨，增加 821 万吨，占国内小麦消费总量的比重从

9.25% 提高至 14.4%；玉米工业消费量从 8100 万吨增加至 9503 万吨，增加 1403 万吨，占国内玉米消费总量的比重从 28.2% 略提高至 28.6%。

（四）种子用粮等其他消费稳中略增

受粮食播种面积稳定增加影响，我国粮食种用消费也保持稳中略增趋势。据国家粮油信息中心数据，2000—2022 年，小麦种用消费量从 580 万吨增加至 645 万吨，增加 65 万吨，占国内小麦消费总量的比重由 5.5% 降至 5.0%；稻谷种用消费量从 175 万吨略降至 142 万吨，占国内稻谷消费总量的比重从 0.9% 上升至 1.1%，基本保持稳定；玉米种用消费量从 104 万吨增加至 126 万吨，占国内玉米消费总量的比重从 0.9% 下降至 0.5%；大豆种用消费量从 88 万吨略降至 80 万吨，占国内大豆消费总量的比重从 3.2% 降至 0.7%。据《中国农业展望报告（2023—2032）》，未来我国粮食种用消费量基本保持稳定，预计 2032 年稻谷种用消费量为 224 万吨，较 2022 年减少 3 万吨，基本保持稳定；小麦种用消费量为 571 万吨，较 2022 年减少 8 万吨；玉米种用消费量为 205 万吨，较 2022 年增加 6 万吨；大豆种用消费量为 100 万吨，较 2022 年增加 16 万吨。见表 2–1。

表 2–1　我国粮食消费结构变化趋势

粮食品种	消费用途	2000年	2010年	2020年	2021年	2022年	2032年
小麦	消费总量	10539	11388	14729	14646	12777	14130
	食用粮消费	8357	8330	9180	9360	9380	9327
	饲用消费	820	1420	380	3500	1700	1632
	工业消费	1053	1100	1150	1100	1050	2041
	种用消费	580	538	597	684	645	571
稻谷	消费总量	18938	19115	18633	21732	21022	21076
	食用消费	16041	16050	15900	15850	15950	14508
	饲用消费	1561	1780	1300	3350	2900	3582
	工业消费	905	1100	2000	1750	1750	1889
	种用消费	175	120	137	132	142	224
玉米	消费总量	11430	18840	20951	27504	27713	33235
	食用消费	1359	1540	1816	1880	1885	1153
	饲用消费	7961	12000	13500	17800	18000	21470
	工业消费	1279	5160	5500	7700	7700	9503
	种用消费	104	129	135	123	126	205
大豆	消费总量	2725	6618	11729	10970	11457	11947
	食用及工业消费	639	1068	1740	1610	1655	1818
	压榨消费	1977	5470	9915	9270	9710	9621
	种用消费	88	61	80	80	80	100

注：1. 2000 年、2010 年、2020 年、2021 年和 2022 年数据来源于国家粮油信息中心。

2. 2032 年数据来源于《中国农业展望报告（2023—2032）》。

二、新发展格局下中国饲料粮供给安全面临困难挑战

随着居民消费结构升级，粮食食用消费基本平稳略减，饲用消费快速增长，口粮转为饲用粮明显升高，口粮有余与饲料粮短缺的结构性矛盾凸显。国家统计局数据显示，2013—2021年，我国居民人均直接口粮消费下降了2.76%，而人均蛋类、水产品、肉类、禽类和奶类消费量分别增长61.0%、36.5%、28.5%、70.8%和23.08%。从国际食物消费变化规律及我国粮食消费结构变化趋势看，我国饲料粮消费将在未来一段时间内保持持续增长态势，将成为影响国家粮食安全的重要因素，国家粮食安全问题将由口粮安全问题转变为饲料粮安全问题。

（一）供给端：粮饲结构错配与饲料粮短缺的矛盾

一是口粮供给相对过剩。为确保“口粮绝对安全”，我国耕地等资源和农业支持政策向口粮倾斜，稻谷和小麦产量屡创新高，但随着居民食物消费结构升级，人均口粮消费逐步减少，口粮供给过剩问题凸现。从自给率看，按不同口径测算的口粮自给率存在较大差异，并影响对口粮安全形势的判断。据国家粮油信息中心数据，按总消费量口径测算，2022—2023年度我国稻谷、小麦的自给率（国内产量与总消费量之比）分别为107.8%和96.4%；而按食用口径测算，其自给率（国内产量与食用消费量之比）分别高达146.8%和

131.5%。从库存看，目前我国水稻和小麦的社会库存能够满足一年以上的口粮消费需求。据 FAO–OECD 数据，2021 年我国稻米、小麦期末库存高达 1.02 亿吨和 1.43 亿吨，库存消费比高达 68% 和 105%，远高于 18% 的国际粮食安全警戒线。从用途看，近年来我国稻谷和小麦饲用消费快速增长，国家粮油信息中心数据显示，2010—2022 年我国稻谷、小麦饲用总量从 2600 万吨增至 7900 万吨，饲用量占总消费量的比重由 9.0% 上升至 21.2%，而稻谷的饲用价值仅为玉米的 80% 左右，其消化能、粗蛋白含量和可消化蛋白分别比玉米低 22%、15% 和 44%，使用稻谷作饲料不经济，粮食生产结构有待优化。从中长期看，我国口粮消费仍继续下降。《中国农业展望报告（2023—2032）》显示，未来 10 年我国稻谷食用消费的绝对量和占比均将稳中有降。

二是饲料粮供给不足。目前，我国能量类饲料粮以玉米为主，需求量约 2.79 亿吨，基本国内自给。但是，近年来我国玉米的进口压力不断加大，2020 年玉米进口量首次突破关税配额数量，达到 1130 万吨，2021 年增至 2835 万吨，2022 年虽有所下降，但仍高达 2062 万吨。蛋白类饲料粮以豆粕等油粕为主，需求量约 9400 万吨（豆粕 7000 万吨，约占 75%），但国内蛋白类饲料粮供给只有 1800 万 ~ 2000 万吨。在国内外价差、产销缺口等因素驱动下，我国饲料粮进口快速增加，对外依存度明显提高。据海关总署数据，2000—2022 年，我国主要饲料粮（玉米、大豆、大麦和高粱）进口量从 1240 万吨增至 11746 万吨，年均增长 10.8%。综合相关数据测算，我国大豆对外依存度从 40% 提高至 83%。大麦从 0.1% 提高至 75%，高粱从 47% 提高至 78%。另外，我国肉类年进口量近 1000 万吨，相当于进口 3000 万吨以上的饲料粮。饲料粮供给过度依赖进口容易受制于人，一旦国际环境恶化，进口受阻，将会影响国内饲料粮稳定供应，甚至威胁国家粮食安全。从中长期看，中国粮食安全的根本问题是饲料粮短缺，据《中国农业展望报告（2023—2032）》显示，未来 10 年我国粮食需求增长主要来自饲用消费较快增长，饲用消费将增长 13.4%。

（二）需求端：膳食结构不合理与饲料粮短缺的矛盾

一是动物性食物消费结构不合理。受消费习惯等因素影响，我国动物性食物消费具有明显的“一高两低”特征，即肉类消费高、水产品和奶类消费低。与《中国居民膳食指南（2022 年）》的食物摄入推荐值相比，2021 年我国人均畜禽肉消费量 45.2 公斤，远高于健康膳食推荐量（15.6 ~ 26.1 公斤）；而人均水产品消费量 38.9 公斤，低于健康膳食推荐量（40 ~ 75 公斤）；人均奶类消费量 39.5 公斤，远低于健康膳食推荐量（300 ~ 500 公斤）。FAO 相关数据显示，与国际相比，2021 年我国肉类占动物蛋白消费的 57%，明显高出全球、亚洲平均水平 9.3 个、15.4 个百分点；水产品占动物蛋白消费的 14.0%，低于全球、亚洲平均水平 3.1 个、9 个百分点；奶类占动物蛋白消费的 9.0%，明显低于全球、亚洲平均水平 17.1 个、14.8 个百分点。在饲料转化效率方面，每生产 1 公斤肉类、奶类、蛋类、水产品对应的粮食需求分别为21.7公斤、8.4公斤、10.9公斤、4.4公斤。若通过增加奶类和水产品消费、减少肉类消费来满足我国居民动物蛋白需求，可大幅减少饲料粮需求量。

二是肉类消费结构不合理。我国红肉消费过多，禽肉消费偏少，而禽肉富含不饱和脂肪酸，相较于红肉更为健康，且禽类料肉比和碳排放“双低”。国家统计局数据显示，2021年，我国人均红肉消费量32.9公斤，占人均畜禽肉消费总量的72.8%；其中，猪肉消费量高达25.2公斤，占比高达55.7%。《中国农业发展报告2022》指出，如果肉类生产总量保持不变，禽肉产能增加一倍，替代相应猪肉产能，将节约2786万吨饲料粮，减少约729万吨的农业碳排放。减少红肉消费、增加禽肉消费，不仅可化解饲料粮供给短缺矛盾，而且可助力健康中国建设。大量研究结果表明，摄入红肉较多的人患糖尿病的风险分别增加23%和15%。《中国居民营养与慢性病状况报告2020》数据显示，2020年我国成年人糖尿病患病率为11.9%，比2002年提高近一倍；高血压患病率约33.3%，比2002年提高近10个百分点。

（三）科技端：科技研发滞后与饲料粮需求快速增长的矛盾

一是饲料粮品种研发滞后。据FAO数据，2022年我国玉米和大豆单产分别仅为美国的59%和58%，主要因为我国玉米等饲料粮种质资源匮乏、生物育种技术发展缓慢、对外来种质引进的依赖程度高。据农业农村部中国种子审定数据，在15520个玉米审定品种中，饲用品种仅501个，占3.2%；推广种植的饲用品种仅72个，占0.5%。饲用粮新品种占比低主要缘于国家对饲料粮的战略定位偏低，导致饲料粮新品种研发投入不足。

二是非常规饲料资源开发不足。我国非粮饲料资源来源广、种类多、总量大，每年约有4亿吨非粮饲料原料。但是，我国畜禽营养方式多采用北美模式，以“玉米－豆粕”型日粮为主，忽视了秸秆、林业副产物、杂粕和微生物蛋白等饲料资源的开发利用。若规范生产工艺、辅以酶制剂等饲料添加剂，非常规饲料粮资源可有效替代豆粕，减少进口大豆依赖。据农业农村部测算，充分利用国内各种替代蛋白资源，可增加饲料蛋白供应量约1735万吨，替代48%的进口饲料蛋白，约可减少2000万吨大豆进口量。

三是饲料粮转化效率不高。我国饲料生产长期受欧美配方体系影响，饲料中蛋白质、能量等营养水平设置偏高，但动物养殖生产中营养技术不精准，饲料转化率却较低。美国育肥猪饲料转化率早在2004年已达到1.91∶1，而我国目前仍高达2.7∶1。若料肉比能提高0.3个点，每头猪约可节省60斤饲料。以2022年全国生猪出栏7亿头计算，节省饲料可达2100万吨，约可分别减少1200万吨玉米消费量和520万吨豆粕消费量（相当于约850万吨大豆）。

（四）进口端：市场“大买家”与国际粮食话语权缺失的矛盾

我国大豆、高粱和大麦的进口量均位居全球第一，玉米位居第二。其中，大豆进口量占全球大豆进口总量的 60% 左右，高粱占 80% 左右，大麦占 30% 左右。但是我国还没有与进口大国相匹配的粮食进口定价权，对国际粮食市场和价格的影响力较小，只能被动接受国际市场不合理的价格上涨，经常出现“中国买什么，国际市场就涨什么”的怪现象，国内输入性传导性风险加剧，甚至威胁饲料粮产业安全。主要原因是：缺乏具有国际影响力的农产品期货市场和跨国粮商。

一方面，国际大豆贸易主要采用“期货价格 + 升贴水”的基差定价方式。美国大豆期货是国际大宗商品市场上最重要、最活跃的农产品期货之一，是全球大豆价格的风向标，在芝加哥期货交易所进行交易。期货价格主要由供需关系决定，美国农业部发布的各类农产品供需信息报告是影响芝加哥期货交易价格的关键因素。美国农业部为维持自己的权威，一般会保持数据的准确性，但也会择机调整数据达到高价销售本国农产品的目的。比如，2004 年我国“大豆风波”就是美国农业部通过调整全球大豆供需预测数据，操控国际大豆期货价格先暴涨后暴跌，由于国内大豆压榨企业缺乏风险防范意识，当时约 70% 企业陷入因采购国外高价大豆而严重亏损或倒闭的局面，国际大粮商借机低成本兼并重组控制了我国 66% 的大型油脂企业，掌控当时我国大豆压榨产能达

85%。虽然我国是全球粮食贸易大国，但由于国内农产品期货市场起步晚，标准化程度低、效益规模小，管理制度落后、市场较为封闭、国际投资者少，农产品期货市场国际化程度不够，国际影响力和认可度低。另一方面，我国粮商在个体影响力不足的情况下，组织化和一体化程度也低，联合采购能力不足，在国际市场中没有以规模采购优势形成议价优势，也缺乏与世界粮食主产区农户在金融信贷、技术及项目开发等方面的深度合作，在产业链最源头的第一手粮源掌控上存在劣势。此外，我国饲料粮进口还存在进口来源地过度集中的风险。比如,95% 以上大豆进口来源于巴西、美国和阿根廷，90% 以上玉米进口来源于美国和乌克兰，85% 以上大麦进口来源于加拿大、法国和阿根廷，90% 以上高粱进口来源于美国、阿根廷和澳大利亚。

三、化解饲料粮供给矛盾的政策建议

（一）优化粮食供给结构，提升供需适配性和有效性

一是提高饲料粮综合生产能力。抓紧制定实施新一轮千亿斤粮食产能提升行动方案，深入贯彻落实“藏粮于地、藏粮于技”战略，抓住耕地和种子两个要害。一方面提高高标准农田建设的标准和投入力度，进一步提升耕地生产能力，支持种粮大户、家庭农场和农民专业合作社等新型农业经营主体建设吨粮田，将吨粮田创建从点到线到面发展，推广至

更多地区。另一方面，加快推进饲料粮生物育种产业化步伐，深化种业等科技创新体系的体制机制改革，提升我国农业科技创新能力。二是优化粮饲生产结构。大力实施“粮改饲”，推进苜蓿、燕麦、小黑麦等优质饲草种植，加快构建粮经饲三元种植结构，建立结构合理、安全高效的现代草牧业产业体系。进一步厘清“口粮”内涵，以食用消费量为标准重新设定口粮自给率目标，在保障口粮食用消费绝对安全的基础上，调整优化口粮与饲料粮的生产结构，重点巩固以玉米为代表的能量饲料粮的保障水平，防止玉米成为“第二个大豆”。挖掘北方农牧交错带、西南地区的玉米种植潜力，积极发展青贮玉米、苜蓿等优质牧草生产。稳定食用、增加油用大豆种植面积，继续扩大大豆玉米复合种植规模，向土地产出效率要产能。加快转基因大豆新品种的产业化，提高国产大豆的比较优势。三是拓宽饲料粮生产空间。向 60 亿亩草原要粮，大力推进现代草业发展，加大草原与草业科技投入，加强草原保护修复、草地改良牧草培育、高产栽培等方面的科技研发，统筹推进天然草原利用和人工种草，挖掘季节性闲田、果园隙地、四边地等饲草种植潜力，增加优质饲草供应，有效减少牛羊养殖精饲料消耗，推动“增草节粮”，化解“人畜共粮、人畜争粮”矛盾。向 15 亿亩盐碱地要粮，挖掘盐碱地开发利用潜力，加强耐盐碱大豆新品种培育力度，推广耐盐大豆新品种，建立耐碱大豆品种审定推广“绿色通道”，加大耐碱大豆新品种推广力度，探索规模化、标准化、集约化种植，着力提高大豆产量。

（二）加强食物需求侧管理，引导居民合理膳食

一是建立适合我国居民的健康膳食模式。研究我国不同地域人群的结构性膳食模式，建立膳食营养素需要量数据库、食物消费信息数据库和公众营养健康数据库，在充分考虑不同地区的资源环境禀赋、农业生产特点以及居民饮食习惯的基础上，进一步优化膳食指南，建立跨部门协调机制，共同制定全国和区域性的“居民可持续健康膳食”指导方案，通过食育宣传教育、示范引导、补贴、税收等刺激政策引导居民采纳平衡膳食模式，倡导居民增加奶类和水产品等消费，减少红肉消费。二是引导全民树立健康膳食理念。开展全民食育教育，充分发挥权威部门、机构和主流媒体的作用，将家庭、学校、社区（村庄）作为全面“食育”教育的切入点，通过数字电视、平面媒体、互联网、手机客户端等渠道深入宣传营养健康知识，引导全民树立可持续健康膳食理念，帮助国民做自己健康的第一责任人。研究制定实施营养师制度，在学校、医院、机关食堂等集体供餐单位配备营养师，制定实施集体供餐单位营业操作规范，鼓励餐饮业、集体食堂向消费者提供营养标识。严格落实《中华人民共和国反食品浪费法》，制止餐饮浪费。

（三）加强科技攻关，推动饲料粮产业内涵式发展

一是加大饲料粮品种研发力度。支持农业科研机构、种业企业、饲料和养殖企业组建新型产学研联合体，加大畜禽

专用饲料粮品种研发力度，培育设立玉米蛋白提升研究重大专项，集中优势力量，以满足畜禽生长的营养需求为出发点，以培育高蛋白玉米新品种为技术核心，构建种质资源创制、分子设计育种、营养价值评价、种植示范、饲料配方研制与应用等一体化技术创新链，提高我国饲料蛋白的自给能力。二是开发饲料资源节粮。详细调查我国饲料资源存量，研发非常规饲料资源开发利用关键技术，充分利用现代生物技术定向改造非常规蛋白饲料资源，挖掘微生物菌体蛋白、餐桌剩余食物、尿素等非蛋白氮资源、不适合食用的养殖动物屠体和血液等非常规蛋白资源，提高我国本土饲料资源的开发利用水平，减少进口饲用粮的依赖。出台专项政策，支持龙头企业参与杂粕、粮食加工副产物、食用动物副产品和微生物蛋白、昆虫蛋白等蛋白饲料资源的研发利用等。三是提高饲料粮转化效率。构建动物精准营养技术体系，加强营养精准供给与饲喂技术攻关，精准测定各种饲料原料的营养价值，准确评定不同畜种、不同生理阶段的营养需求，不断完善中国特色饲料原料数据库，为动物健康高效养殖提供支撑。加大低蛋白日粮技术宣传力度，配合使用养分增效技术，大幅提高现有饲粮结构下玉米、豆粕等原料能量和蛋白利用率，制定相关示范推广政策，对积极推广应用低蛋白日粮和精准营养技术的企业给予适当奖补，不断提升饲粮转化效率，在维持畜禽肉奶蛋产量的同时，减少主要饲用粮的消耗。

（四）增强海外粮食供应链安全性，筑牢粮食安全屏障

一是构建全球粮食市场监测预警体系。建立全球粮食市场监测平台，加强云计算、物联网、大数据等技术推广应用，实施跟踪各国粮食产需、贸易情况及生产投入品、能源、天气、国际政局等影响因子变化，及时预警市场波动，提前谋划对冲风险。二是建设具有全球影响力的粮食期货交易中心。参照上海国际能源交易中心建设经验，研究以进口大豆为主要标的物、以人民币计价交易、面向境内外投资人的期货合约，逐步将大连商品交易所和郑州商品交易所打造成具有区域核心地位、全球性影响力的粮食期货交易中心，提升我国饲料粮国际定价话语权和全球掌控力。三是培育具有国际竞争力的“中国粮商”。扶持一批具有核心竞争力和行业带动力的重点龙头企业，学习借鉴国际大粮商发展模式和管理经验，聚焦粮食生产经营核心优势，通过技术、资金、贸易、流通等渠道深度参与海外粮食生产、收购、加工、储存等环节，建立规模化海外粮食生产加工储运基地，全面参与全球粮食产业链、价值链、供应链重构。四是构建多元化粮食进口格局。充分利用我国超大规模市场优势，稳定现有粮食来源国的贸易预期，加强合作，形成利益共同体。同时加强新进口渠道的培育，重点加强同南美、撒哈拉以南非洲、黑海地区等粮食增产潜力大的国家（地区）开展合作，通过贸易、跨国并购等方式建立海外粮食生产和收储基地，

促进进口多元化。

参考文献

[1]樊胜根，张玉梅，2023.践行大食物观促进全民营养健康和可持续发展的战略选择[J].农业经济问题(5):11-21.

[2]胡小平，廖亚君，毛雨，2023.大食物观下我国粮食安全保障重点的研究[J].农村经济(7):55-62.

[3]黄季焜，2021.对近期与中长期中国粮食安全的再认识[J].农业经济问题(1):19-26.

[4]刘慧，崔亚妮，钟钰，2023.高水平开放下保障饲料粮供给的新举措与展望[J].世界农业(6):25-36.

[5]刘长全，韩磊，李婷婷，等，2023.大食物观下中国饲料粮供给安全问题研究[J].中国农村经济(1):33-57.

[6]倪洪兴，2010.开放条件下我国农业产业安全问题[J].农业经济问题，32(8):8-12.

[7]全世文，张慧云，2023.中国食物消费结构的收敛性研究[J].中国农村经济(7):57-80.

[8]熊学振，杨春，2021.中国粮食安全再认识：饲料粮的供需状况、自给水平与保障策略[J].世界农业(8):4-12，32，119.

[9]曾伟，2023.我国食物对外依存度现状与供应保障路径研究[J].新疆农垦经济(3):1-10.

[10]张桂贵，2023.饲用豆粕减量替代会不会增加养殖成本？农业农村部回应[N/OL].[2023-04-27].http://www.people.com.cn/n1/2023/0427/c32306-32675118.html.

[11]张艳玲，2023.抓准粮食安全最突出矛盾 实施现代畜牧科技工程[N].农民日报，2023-03-10.

[12]张志新，王迪，唐海云，2022.中国粮食安全保障程度：基于粮食消费结构变化的分析[J].消费经济，38(5)：38-49.

第三章

中国粮食生产能力提升路径与政策体系研究①

习近平总书记强调，世界强国都有能力解决自己的吃饭问题。确保国家粮食安全是农业强国的首要目标和底线任务，决定着我国农业强国建设的成色和质量。粮食生产能力是粮食安全的重要根基，党的十八大以来，国家高度重视提高粮食综合生产能力，深入实施藏粮于地、藏粮于技战略，粮食生产实现“十九连丰”，产量连续八年站稳 1.3 万亿斤台阶，做到了“谷物基本自给、口粮绝对安全”，牢牢端稳了中国饭碗。但是我国粮食安全基础仍不稳固，面临粮食需求刚性增长、供给结构性矛盾突出、资源要素趋紧、种粮效益低等风险隐患。面对国内外复杂形势，2023 年中央农村工作会议和中央一号文件均提出实施新一轮千亿斤粮食产能提升行动。如何实现粮食产能高位突破、牢牢把住粮食安全主动权，是建设中国特色农业强国面临的首要课题。已有文献对我国粮食生产能力问题进行了广泛而深入研究，主要探讨了高标准

---

① 本章部分内容刊发于《经济纵横》2023 年第 9 期。

农田、农业机械化、农业支持政策等对粮食生产的影响，并从优化要素配置、创新科技、完善强农惠农政策等方面提出了政策建议。本章在深刻把握粮食产能与农业强国内在逻辑关系的基础上，分析我国粮食产能提升的现实基础，从耕地、种子和科技等方面剖析面临挑战，基于增产和减损两端发力的思路，研究提出我国粮食产能提升的实施路径与保障政策。

一、粮食产能与农业强国的内在逻辑关系

（一）粮食安全保障能力强是农业强国的共性特征

农业强国是基于国际比较的多维动态概念，已有研究将全球农业强国划分为综合型和特色型两类。综合型农业强国的典型特征是人均耕地资源丰富、劳动生产率高，代表性国家有美国、澳大利亚等规模化农业强国。特色型农业强国的典型特征是人均农业资源禀赋相对稀缺、人多地少，但要素配置效率高、科技实力强，代表性国家有日本、德国和荷兰等精细化农业强国。无论是综合型还是特色型农业强国，其共性特征之一就是粮食和重要农产品供给保障能力强，均能满足国民所需的粮食和重要农产品。综合型农业强国具有很强的粮食生产能力，在满足国内需求的基础上大量出口粮食。特色型农业强国尽管粮食生产能力有限，不能实现粮食自给，但这些国家经济发达、人均收入高，善于利用国际市场维护国内粮食供求总量平衡，并且努力通过高补贴或关税

实现“口粮”绝对安全。通过对比美国、加拿大、澳大利亚、日本等世界农业强国特征，发现其粮食安全保障能力均较高，其中美国、欧盟、加拿大和澳大利亚的谷物自给率均超过100%，虽然日本的谷物自给率较低，但其口粮稻米基本完全自给。见表3-1。

表3-1　中国与世界主要农业国家（地区）的粮食安全保障能力比较（2022年）

国家	自给率（%）					人均谷物占有量（公斤）	农业支持总量占农业产值比重（%）
	谷物	小麦	稻米	玉米	大豆		
中国	94	95	99	95	17	395	19
美国	124	168	136	120	181	1316	28
日本	26	14	99.7	0	7	68	52
欧盟	106	124	62	80	19	615	24
加拿大	196	398	0	93	262	1595	15
澳大利亚	257	283	69	125	134	1413	6

注：数据来源于OECD数据库。由于法国、德国等欧洲农业强国数据无法获取，用欧盟数据来代替。

（二）确保粮食安全是我国农业强国建设的首要任务

习近平总书记强调，保障粮食和重要农产品稳定安全供给始终是建设农业强国的头等大事。我国是一个拥有14亿人口的粮食消费大国，必须立足国内解决吃饭问题，依靠国际市场保障粮食稳定安全供给既不现实也不可行，关键时刻容易被“卡脖子”甚至“一剑封喉”。当前，世界进入新的动荡变革期，贸易保护主义盛行，国际粮食供应链受阻、价格高位运行，全球粮食安全面临严峻挑战。受俄乌冲突、货币政策等因素影响，我国粮食进口支出大幅增加。海关总署数据显示，2022 年我国粮食进口量 14687.2 万吨，同比减少 10.7%，而粮食进口金额高达 826.5 亿美元，同比增长 10%；全年粮食进口均价 3744.7 元 / 吨，较 2021 年提高 27%。我国从乌克兰进口玉米受阻，自乌克兰进口玉米同比下降 27%。确保粮食安全稳定供给，不仅决定着中国式现代化进程中农业强国建设的成色和质量，也是我国应对国内外各种风险挑战的底气。

（三）粮食生产能力是我国建设农业强国的重要基础

粮食生产能力，也即粮食产能，由资源状况和经济、技术条件所决定的，各种生产要素综合投入所形成的，可以相对稳定实现一定产量的粮食产出能力[①]。粮食生产能力是衡量一个国家粮食安全的重要指标，也是保障国家粮食安全、建设农业强国的重要根基。国家统计局数据显示，改革开放以来我国粮食生产能力稳步提高，1996 年粮食产量突破 1 万亿斤大关，2012 年迈上 1.2 万亿斤台阶，自 2015 年突破 1.3 万亿斤以来，连续 8 年保持在 1.3 万亿斤以上，人均粮食占有量超过 470 公斤，远高于国际公认的 400 公斤粮食安全线，稻谷、小麦库存量能满足我国居民一年以上的口粮消费需求，

---

① 《全国新增 1000 亿斤粮食生产能力规划（2009—2020 年）》。

为我国成功应对疫情、灾情等多重风险挑战奠定了坚实基础。只有不断挖掘粮食产能提升潜力，保持粮食稳产增产，以国内粮食生产的稳定性应对国际市场的不确定性，才能牢牢把住国家粮食安全主动权。

二、上一轮新增千亿斤粮食产能实施成效与经验启示

改革开放以来，我国粮食综合生产能力稳步提升，粮食生产不断迈上新台阶，粮食产量不断飞跃。国家统计局数据显示，1978—2022 年，我国粮食产量由 0.61 万亿斤增至 1.37 万亿斤，增加了 0.76 万亿斤；粮食平均亩产由 168 公斤增至 387 公斤，增加 1.3 倍；人均粮食占有量从 317 公斤增至 483 公斤，远高于世界平均水平。我国粮食生产所取得的巨大成就，主要得益于党的坚强组织保障、完备的农业科技体系、明显改善的粮食生产条件和健全的农业支持政策体系，这为新发展阶段产能提升筑牢了坚实基础。

（一）上一轮新增千亿斤粮食产能实施成效

1. 产能提升显著，超额完成规划目标

从总产看，我国粮食生产不断迈上新台阶。2008 年我国粮食产量 1.07 万亿斤，2012 年首次站上 1.2 万亿斤台阶，较实施前增产 1558 亿斤，提前 8 年完成新增 1000 亿斤目标。党的十八大以来，我国粮食产量在前期高位的基础上继续增

产，2022 年达到 13731 亿斤，为历史最高水平，比 2008 年增加 3044 亿斤。从播种面积看，2022 年我国粮食播种面积 17.7 亿亩，比 2008 年增加 1.62 亿亩。从单产看，2022 年达到 387 公斤 / 亩，比 2008 年增加 49 公斤，提前 8 年达到规划目标。从增产贡献看，2008—2022 年，粮食播种面积和单产对产量增产的贡献率分别为 63% 和 37%（图 3–1）。

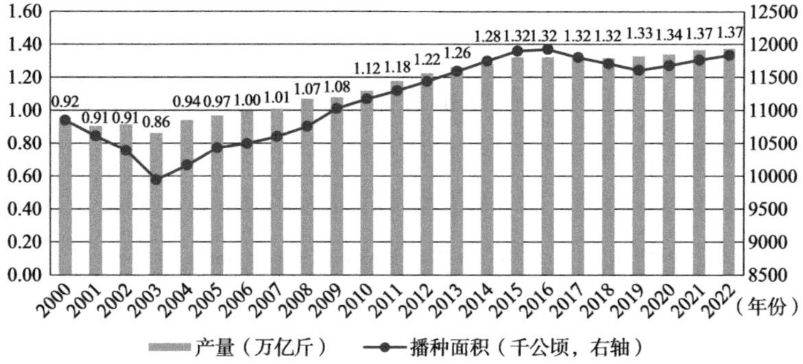

图 3–1　我国粮食产量和播种面积变化趋势

注：数据来源于国家统计局网站。

2. 玉米增产最显著

主要粮食品种产量均有不同程度的增长，其中玉米增产最多，小麦和稻谷次之，大豆增产不明显。2022 年，玉米产量 5544 亿斤，比 2008 年增加 2102 亿斤，年均增长 3.73%；小麦产量 2754 亿斤，比 2008 年增加 496 亿斤，年均增长 1.54%；稻谷产量 4170 亿斤，比 2008 年增加 318 亿斤，年均增长 0.61%；大豆产量 406 亿斤，比 2008 年增加 92 亿斤，年均增长 1.99%；从增产贡献来看，玉米对我国粮食增产的贡献最大。2008—2022 年，玉米、小麦、稻谷和大豆对粮食总产量增产的贡献分别为 69.04%、16.31%、10.43% 和 3.01%。

3. 区域增产差异大

粮食生产核心区增产贡献大，而部分主销区和产销平衡区未完成增产任务。从区域看，东北地区粮食增产最多，规划期内增产 1100 亿斤，占全国粮食增产总量的 37%；黄淮海地区、山西及西北地区、长江流域和西南地区分别增产 666 亿斤、164 亿斤、112 亿斤和 46 亿斤，分别占全国粮食增产总量的 22.4%、5.5%、3.8% 和 1.5%；而华东及华南地区粮食产量呈下降趋势，减产 60 亿斤，未完成规划目标（表 3–2）。从各省看，增产量超过 100 亿斤的省份共 12 个，其中，黑龙江、内蒙古、山东、吉林、河南和安徽增产超过 200 亿斤，黑龙江增产高达 729 亿斤。但是，浙江、福建、重庆、贵州、海南、上海和北京的粮食产量不增反降。数据表明，部分销区省份粮食安全责任有待压实，在新一轮产能提升过程中，需要进一步压实销区责任。

表 3–2　2008—2021 年分区域增产及目标完成情况

单位：亿斤

区域	省份	比2008年增产	新增目标	完成情况	区域	省份	比2008年增产	新增目标	完成情况
东北地区	黑龙江	729	301	超额3.7倍（1100）	山西及西北地区	山西	79	23	超额7.1倍（164）
	吉林	240				陕西	32		
	内蒙古	342				甘肃	69		
	辽宁	136				宁夏	8		

续表

区域	省份	比2008年增产	新增目标	完成情况
黄淮海地区	河北	184	329	超额2倍（666）
	山东	248		
	河南	236		
	安徽	213		
	江苏	114		
长江流域	江西	47	112	超额1.7倍（185）
	湖北	107		
	湖南	54		
	四川	88		
华东及华南地区	浙江	–31	12	未完成
	福建	–29		

区域	省份	比2008年增产	新增目标	完成情况
西南地区	重庆	–12	23	超额2倍（46）
	贵州	–13		
	云南	82		
其他	新疆	161	168	未完成
	青海	1		
	北京	–18		
	天津	101		
	海南	–37.5		
	上海	–21.7		
	西藏	11.2		

注：增产量为笔者根据国家统计局数据计算所得。

（二）经验启示

1. 党的全面领导为粮食产能提升提供了坚强组织保障

党中央坚持加强和改善党对粮食工作的领导，充分发挥社会主义制度的政治优势，形成了中央统筹、部门联动、上下协同抓粮食生产的合力，通过政策稳粮、产业兴粮、科技强粮等方式，不断提升粮食生产能力，牢牢把住了国家粮食安全主动权。从“米袋子”省长负责制到粮食省长责任制，再到地方党政同责，保障粮食安全的主体责任不断强化，粮食安全的责任追究从行政问责演变为政治问责，为我国粮食安全保障政策执行提供了基于政党逻辑的新路径。推动以土地为核心的经营体制改革，从家庭承包责任制到延长土地承包期再到土地所有权、承包权、经营权“三权分置”，不断激活粮食生产活力。实行最严格的耕地保护制度，形成了数量保护、质量建设和生态维护“三位一体”的耕地资源综合保护利用体系，采取“长牙齿”的硬措施遏制耕地“非农化”“非粮化”；制定修订农业法、土地管理法、种子法等法律法规。党对粮食安全的坚强领导是我国粮食生产取得历史性成就的根本保障。

2. 完备的农业科技体系为粮食产能提升提供了强大推力

党中央和国务院深刻把握我国国情、农情、粮情，将科技创新作为保障粮食安全的关键性因素，深入实施“藏粮于计”战略，形成了政府主导，农业科研院所、涉农企业及农技推广服务组织等共同参与的农业科技和推广体系。目前，我国拥有 1000 多个地市级以上农业科研机构，科技人才队伍不断壮大，中青年科技骨干茁壮成长，组建了 50 多个国家现代农业产业技术体系，建成了 100 多个农业科学观测试验站，取得了节水抗旱小麦、超级稻等一批重大标志性成果。2022 年，我国农业科技进步贡献率突破 62.4%，比 2012 年提高了 7.9 个百分点；农业机械化水平稳步提升，主要粮食作物耕种收综合机械化率均超过 80%；种业振兴深入推进，良种覆盖率超 96%，我国农业科技整体水平已从世界第二方阵跨入第一方阵。

3. 明显改善的农田基础设施为粮食产能提升筑牢了坚实物质基础

耕地是农业生产的命根子，水利是农业生产的命脉，是农业防灾减灾的重要基础。党中央、国务院历来高度重视高标准农田和水利设施建设，将其作为贯彻落实“藏粮于地”战略的重要抓手。截至2022年底，全国累计建成10亿亩高标准农田，亩均粮食产能增加10%～20%；农田有效灌溉面积由1949年的2.4亿亩增至2022年的10.37亿亩，有效灌溉面积位列世界首位，农田有效灌溉系数由0.536提高到0.572，明显改善的粮食生产条件，打牢了抵御自然灾害风险的物质技术基础，提升了粮食生产防灾减灾的能力，有效应对了干旱、洪涝、台风、低温冻害等多种灾害的考验，熨平了自然灾害对产量带来的年际间波动，增强了粮食生产稳产高产能力。近18年来，我国粮食生产连年丰收，只有两个年度小幅减产，打破了以往“两增一减一平”的怪圈，主要得益于明显改善的农田水利基础设施条件。

4. 健全的强农惠农政策体系为粮食产能提升提供了强大动力

中央不断完善强农惠农政策，建立了价格、补贴、保险“三位一体”的种粮农民收益保障政策体系。充分利用最低收购价、临时收储等价格支持政策，强化种粮农民市场预期；先后实施了种粮直补、良种补贴、农机具购置补贴、耕地地力补贴、实际种粮农民一次性补贴、生产者补贴等补贴政策，弥补种粮成本上涨。通过稻谷、小麦、玉米三大主粮完全成本保险和种植收入保险，降低农民种粮风险。根据我国向 WTO 通报的国内支持数据，2012—2016 年我国小麦、稻谷、玉米、大豆托市收购为粮农增加收入共计 48 亿元。同时，取消主产区粮食风险基金的地方配套，每年为主产区减负近 300 亿元。实施产粮大县奖励政策，完善奖励资金与粮食产量、调出量直接挂钩的联动办法，促进地方粮食生产与财力同步增长，奖励资金规模由 2005 年的 55 亿元增加到 2020 年的 299 亿元，充分调动了地方政府重农抓粮积极性。

三、中国粮食生产能力提升潜力及困难挑战

上一轮粮食产能提升为新时代粮食安全奠定了坚实基础，形成了诸多有效制度经验。但随着诸多有利因素逐渐释放，新时代高起点提升粮食产能的难度更大、约束更紧、环境更加复杂，需寻求更多增产潜力的新途径和新突破。

（一）未来粮食产能提升潜力分析

1. 高标准农田的增产潜力

耕地是粮食生产的重要物资基础，高标准农田是耕地中的精华，具有明显增强粮食生产能力和抗灾减灾能力，亩产粮食产能增加 10%～20%，平均每亩节本增效约 500 元，能够有效增加农民种粮收益。在全面实施“藏粮于地、藏粮于技”战略等有利条件下，15.46 亿亩永久基本农田全部建成高标准农田，将新增高效节水灌溉面积 1.1 亿亩以上。2023—

2032 年，我国将累计新增高标准农田 5.46 亿亩。按 2021 年现有耕地中 70% 用于粮食种植计算[①]，新增高标准农田亩均粮食产能提高 100 公斤，到 2032 年可使粮食增产 764 亿斤。

2. 边际土地资源的增产潜力

我国边际土地资源主要包括东北苏打盐碱土、西北内陆盐碱土、滨海盐碱土、南方山地丘陵红壤等多种土壤类型。我国的边际土地总面积约 11.7 亿亩，包括 8.5 亿亩尚未开发的耕地后备资源和 3.2 亿亩现有低等耕地。目前我国低等耕地粮食平均产量低于 200 公斤 / 亩，经改造提升后产量能够达到 300 公斤 / 亩，到 2032 年如能改造 1/2（即 1.6 亿亩）低等耕地可使粮食增产 224 亿斤。到 2032 年，若能使现有 8.5 亿亩后备耕地资源中的 10% 转化为耕地，且 70% 用于粮食种植，按照低等地产能（200 公斤 / 亩）计算，可增产粮食 234 亿斤。综合看，通过低等耕地改造提升和后备耕地资源开发，提升边际土地资源的生产能力，到 2032 年可增产粮食 458 亿斤。

3. 技术进步的增产潜力

2009—2022 年，我国粮食单产提高了 19.6%。2021 年，我国水稻、玉米和大豆的平均单产分别是美国的 82.3%、56.6% 和 56.5%[②]。虽然我国农业科技整体水平已从世界第二

---

① 根据国家统计局数据，2021 年全国农作物总播种面积 168695 千公顷，其中粮食播种面积 117631 千公顷，占全国农作物总播种面积的 70%。

② 笔者根据联合国粮农组织（FAO）数据计算所得。

方阵跨入第一方阵，但与发达国家仍有差距，比如荷兰农业创新贡献率达97%，德国、美国均超过了90%；我国农业科技成果转化率仅40%左右，而发达国家为70%；国内灌溉水利用率只有30%～40%，而发达国家可达70%～80%。此外，我国化肥、农药利用率以及微生物农业、精准农业、基因工程等新技术的推广应用和良种普及均落后于发达国家。如果进一步加强科技创新和成果转化能力建设，我国粮食单产仍有较大增加空间。

4. 粮食减损的增产潜力

在水土资源环境有限情况下，节粮减损是增加“无形良田”有效增加粮食有效供给的重要举措。近年来，我国高度重视粮食减损，但当前在收获、储存、加工、流通和消费环节的损失浪费问题仍然比较突出，稻谷、小麦和玉米三大主粮食综合损失率为20.02%，粮食综合损失浪费量为12170万吨，其中收获、农户储粮、干燥、加工环节和消费环节的损失浪费量分别为2394万吨、392万吨、2900万吨、3665万吨和2111万吨。若采取适当措施，我国三大主粮损失率可由20.02%下降到12.96%，可实现在不增加耕地的情况下每年增产858亿斤。

（二）未来粮食产能提升的压力

1. 资源环境硬约束加剧，粮食生产基础不够牢固

一是耕地数量减少且质量下降。国家统计局数据显示，2009—2019年，我国年均耕地净减少超过1100万亩，一些

省份耕地保有量已突破耕地红线，有的甚至低于划定的永久基本农田。今后，城镇和农村的各项建设将继续占用耕地，生态治理和灾害损毁等因素也将减少耕地，守住 18 亿亩耕地红线难度增大。目前，全国耕地后备资源不足 1 亿亩，大多分布在水源不足、生态脆弱的西北地区，开发利用的难度大、成本高。受长期集约化经营、机械化耕作和高强度化肥农药投入等影响，我国耕地质量退化严重，东北、华北地区耕地已出现从点到面系统性退化，东北黑土地耕作层土壤有机质含量与 60 年前相比下降了 1/3，部分地区下降了 50%，黑土地正在变“薄”、变“瘦”、变“硬”。

二是淡水资源瓶颈制约日趋严重。改革开放以来，我国粮食作物种植呈现逐年向北转移、向常年灌溉区和补充灌溉区集中的趋势，全国 800 多个粮食主产县中有约 60% 位于常年灌溉区或补充灌溉区，水土资源与粮食生产布局严重不匹配。据国家统计局数据，2000—2021 年，河南、河北和山东等北方 7 个主产区的粮食播种面积由 4229 万公顷增至 5626 万公顷，增长 33.0%。随着种植向北转移，我国粮食供应格局由“南粮北运”变为“北粮南调”，相当于水资源量约占全国总量 21% 的北方向约占全国 79% 的南方输送粮食，导致北方地区地下水资源过度开发，黄淮海平原、松辽平原等地区地下水位持续下降，华北地区成为世界上最大的地下水超采漏斗区，粮食产区的生态环境压力日益严峻。

2. 粮食比较效益偏低，种粮积极性受到不利影响

受工业化、城镇化及种粮效益低等因素影响，近年来我

国耕地“非农化”“非粮化”问题突出，地方重农抓粮和农民种粮积极性减弱。第三次全国国土调查显示，2009—2019年我国耕地净流向林地1.12亿亩，净流向园地0.63亿亩，有6200多万亩坡度2度以下的平地被用来种树。国家统计局数据显示，2016—2021年，我国粮食播种面积从11923万公顷减至11763万公顷，平均每年减少0.27%。2021年全国粮食播种面积占全部农作物播种面积的69.7%，比2015年下降了1.6%。

一是生产成本快速上升，种粮比较效益偏低。近年来我国粮食生产成本升幅远高于农民粮食出售价格增幅，不断侵蚀种粮收益。据《全国农产品成本收益资料摘要2022》，2011—2021年，我国每亩稻谷、小麦、玉米和大豆生产成本分别上涨42.8%、46.1%、50.3%和59.7%，农民出售价格分别仅上涨0.8%、18.4%、19.3%和42.3%，亩均净收益增幅分别为–83.8%、1.9%、–38.4%和–65.4%。[①]无论与经济作物相比还是与外出务工相比，种粮比较效益均偏低。2019—2021年，我国稻谷、小麦、玉米和大豆的每亩平均净利润分别仅为43.1元、42.5元、47.7元和–70.7元，而蔬菜、柑、橘和苹果等经济作物每亩平均净利润分别高达3203元、2153元、1155元和1145元。[①]详见表3–3。2021年我国粮食亩均收益为824元，而外出务工农村劳动力人均月收入5013元，按照我国“户均不过十亩”的现状测算，农户种植十亩粮食

① 数据来源于《全国农产品成本收益资料摘要2022》。

的收益不足外出务工两个月收入，部分地区耕地季节性撂荒、粗放经营等隐性撂荒可能加剧。

表 3–3　2019—2021 年主要农产品成本收益情况

品种		总成本（元）	净利润（元）	成本收益率（%）
粮食作物	稻谷	1258.7	43.1	20.7
	小麦	1092.3	42.5	22.3
	玉米	1095.0	47.7	23.4
	大豆	729.3	–70.6	24.5
油料作物	花生	1444.0	391.3	27.3
	油菜籽	923.7	–142.7	27.9
经济作物	烤烟	3848.0	170.4	35.7
	苹果	5769.7	1145.3	42.6
	柑	3425.6	2153.2	56.3
	橘	4184.9	1155.0	37.2
	蔬菜	5075.7	3202.7	58.2

注：数据来源于《全国农产品成本收益资料汇编》，表中数据为 2019—2021 年的平均值。

二是粮食主产区“粮财倒挂”局面尚未扭转。粮食比较效益低，对财政税收贡献有限，粮食大省往往是经济弱省、财政穷省，粮食主产区与主销区经济社会差距持续扩大。按常住人口计算，2021 年中国主产区 13 个省份人均地方财政一般预算收入为 6341.5 元，较全国平均水平低 2080.9 元，较非主产区省份低3583.8元。非主产区省份与主产区省份人均地方财政一般预算收入比值由2012年的1.45∶1扩大为2021年的1.57∶1。利益补偿是补齐粮食主产区财力短板的重要来源，但是我国产粮大县奖励资金却呈不断下降趋势。除河北省外，其他12个粮食主产区的中央财政产粮大县奖励资金均出现下滑趋势。其中，黑龙江的产粮大县奖励资金从71亿元下降到53亿元，降幅高达25.4%；辽宁奖励资金从13.1亿元降至10.6亿元，下降19.3%；吉林奖励资金从27.8亿元降至23亿元，下降17.2%。①

3. 农业科技创新体系效能不高，科技支撑能力有待增强

一是科技创新体系有待健全。我国农业科技与人才资源主要集中在科研院所，院校间相对独立、分散，科技资源封闭比较严重，存在“资源孤岛”现象，企业主导创新匮乏，尚未充分发挥各自优势形成强大合力。农业科技供给与市场需求错位，创新链与产业链融合不够，科技成果转化效率亟待提升。农业科技重大原创性前沿性成果偏少，一些前沿和交叉领域基础研究和底盘技术的原始创新能力薄弱，重要种源、农机装备、智慧农业、绿色投入品等关键领域核心技术和产品自主可控能力不强。② 与农业强国相比，我国科技投入强度不高，农业科技投入占农业GDP的比重只有0.71%左右，远低于发达国家2%～3%的财政投入水平，也远低于

① 数据来源于财政部网站。

② 引自《“十四五”全国农业农村科技发展规划》。

全国所有行业平均 2.14% 的投入强度。

二是种业对农业现代化的基础支撑有待加强。据美国农业部数据，我国小麦、水稻单产水平高于世界平均水平，但只有前 10 位国家平均水平的 60%～70%，仍有较大提升空间；我国玉米单产与世界平均水平相当，但与美国仍有 200 千克 / 亩的差距；我国大豆亩产只及美国的一半。主要原因在于我国育种技术与方法相对落后，重要基础理论研究不够深入，独立原创性研究数量少，生物育种关键基因和分子模块研究匮乏，在小麦优质专用、抗赤霉病，玉米易籽粒机收，大豆高产、抗病、抗逆等品种选育上未取得关键性突破；节水、节肥、耐旱、耐瘠薄品种数量不够丰富。种业企业规模小、创新弱，产品同质化严重，普遍存在扩繁能力不强、市场占有率不高、品牌影响力不强等问题。

4. 粮食供给结构性矛盾突出，生产结构与消费需求错配

一是口粮过剩与饲料粮不足并存。一方面，为确保“口粮绝对安全”，我国耕地等资源和农业支持政策向口粮倾斜，稻谷和小麦产量屡创新高。但随着居民食物消费结构升级，人均口粮消费逐步减少，口粮供给过剩问题凸显。国家统计局数据显示，2013—2021 年，我国居民人均直接口粮消费下降了 2.76%。按食用口径测算，2021—2022 年度我国稻谷和小麦的食用消费自给率（国内产量与食用消费量之比）分别高达 133.0% 和 146.3%。另一方面，受肉蛋奶消费快速增长影响，饲料粮供应短缺问题凸显，已成为我国粮食安全的根本问题。据联合国贸易统计数据库，

2000—2022 年我国主要饲料粮（玉米、大豆、大麦、高粱和饼粕）进口量从 1243 万吨增至 13113 万吨，年均增长 11.3%。综合海关总署和国家统计局数据测算，2000—2022 年，我国大豆对外依存度从 40% 升至 83%、大麦从 0.1% 升至 75%、高粱从 47% 升至 78%。饲料粮供给过度依赖进口容易受制于人，一旦国际环境恶化，进口受阻，将会威胁国家粮食安全。

二是区域产销不平衡矛盾加剧。受工业化、城镇化、经济效益和政策等因素影响，我国粮食生产不断向主产区集聚，2004—2022 年全国 13 个主产区粮食产量占全国粮食总产量的比重由 74.0% 升至 78.5%。以当年全国人均粮食占有量为自给标准计算，2004—2021 年，13 个主产区粮食自给率从 101.9% 提高至 139.3%，而 7 个主销区则从 44.2% 下降至 19.9%，11 个主产区粮食自给率从 88.5% 下降至 78.4%；主产区粮食产需结余由 5782 万吨增至 15130 万吨，主销区和产销平衡区合计粮食产需缺口从 5573 万吨扩大至 15033 万吨，主要依靠内蒙古、吉林、黑龙江和河南 5 个主产区补充，详见表 3–4。粮食生产的重任越来越压到部分主产区省份身上，不仅加大了资源环境压力，也使得粮食安全笼罩在流通风险之下。

表 3–4　粮食主产区、产销平衡区和主销区粮食产需情况

单位：万吨

省份		2004年				2021年			
		产量	消费量	产需缺口	自给率（%）	产量	消费量	产需缺口	自给率（%）
主产区	河北	2480	2459	21	101	3825	3600	225	106
	内蒙古	1505	861	644	175	3840	1160	2680	331
	辽宁	1720	1523	197	113	2539	2044	494	124
	吉林	2510	978	1532	257	4039	1148	2891	352
	黑龙江	3001	1379	1622	218	7868	1511	6357	521
	江苏	2829	2685	145	105	3746	4111	–365	91
	安徽	2743	2333	410	118	4088	2955	1133	138
	江西	1663	1547	116	107	2192	2184	9	100
	山东	3517	3315	201	106	5501	4916	585	112
	河南	4260	3509	751	121	6544	4777	1767	137
	湖北	2100	2173	–73	97	2764	2818	–54	98
	湖南	2640	2419	221	109	3074	3201	–127	96
	四川	3147	3151	–4	100	3582	4047	–465	89
主销区	北京	70	539	–469	13	38	1058	–1020	4
	天津	123	370	–247	33	250	664	–414	38
	上海	106	629	–523	17	94	1203	–1109	8
	浙江	835	1705	–870	49	621	3161	–2541	20
	福建	737	1268	–532	58	506	2024	–1518	25
	广东	1390	2999	–1609	46	1280	6131	–4852	21
	海南	190	295	–105	64	146	493	–347	30

续表

省份		2004 年				2021 年			
		产量	消费量	产需缺口	自给率（%）	产量	消费量	产需缺口	自给率（%）
产销平衡区	山西	1062	1204	–142	88	1421	1682	–261	84
	广西	1399	1766	–367	79	1387	2435	–1048	57
	重庆	1145	1128	17	102	1093	1553	–460	70
	贵州	1150	1410	–260	82	1095	1862	–767	59
	云南	1510	1595	–85	95	1930	2267	–337	85
	西藏	96	99	–3	97	106	177	–71	60
	陕西	1040	1338	–298	78	1270	1911	–641	66
	甘肃	806	946	–140	85	1232	1204	28	102
	青海	89	195	–106	45	109	287	–178	38
	宁夏	291	212	78	137	368	350	18	105
	新疆	797	709	88	112	1736	1252	484	139

注：作者根据国家统计局数据测算所得。各省粮食消费量 = 当年全国人均粮食占用量 × 各省人口数。

5. 粮食损失损耗问题突出，减损潜力挖掘不足

在水土资源环境有限的情况下，节粮减损就是粮食增产。当前我国粮食生产、储存等环节损失浪费问题比较突出。据测算，稻谷、小麦和玉米三大主粮综合损失浪费率超过 20%，粮食损失浪费量超过 1 亿吨。从生产和收获损失情况看，自然灾害、采收不精等导致粮食生产和收获环节损耗率较高。虽然近年来我国农作物受灾和成灾面积呈下降趋势，

但2021年我国农作物成灾面积仍高达1174万公顷，其中绝收面积163万公顷。按照2021年粮食播种面积占农作物播种面积69.7%、粮食单产5805公斤/公顷估算，2021年仅绝收面积就造成660万吨粮食产量损失。机械收割环节粮食损耗率最低可以控制在1.9%，但受精细化作业水平不高等因素影响，我国收获环节粮食损失率总体为3.9%，个别地区玉米机收总损耗率高达10%。2022年我国粮食产量6.87亿吨，按照3.9%的损失率测算，2022年机收环节的粮食损失量约为2679万吨。

从产后流通损失看，粮食仓储和加工损失较为严重。仓储损失率因储藏技术和仓库硬件设施的不同而有所差异。已有研究显示，国有粮食购销企业、私营企业和农户储粮损失率分别为1%左右、2%左右和8%左右。2021年三大主粮的产量为62233万吨，国有粮食企业收购量为13745万吨①，三大主粮作物（稻谷、小麦和玉米）的商品化率约为90%②，据此可以推算出农户储粮6223万吨、私营企业收购量42265万吨。按照国有企业仓储损失率1%、私营企业仓储损失率2%和农户仓储损失率测算，我国仓储环节粮食损失量高达约1605万吨。为迎合“精米白面、主食精细化”的饮食消费误区，成品粮过度加工问题突出。目前我国稻谷出米率、小麦出粉率平均分别约为64%和70%，若适度加工，出米率和出

① 数据来源于《中国粮食年鉴（2021）》。
② 根据《全国农产品成本收益资料摘要2022》测算所得。

粉率可提高 5 个百分点。按照 2021 年 1.12 亿吨食用稻谷和 1.08 亿吨食用小麦加工量测算，适度加工可增加出米量 560 万吨和面粉量 540 万吨。以 2021 年全国稻谷亩产 474 公斤、小麦 387 公斤计算，相当于增加 1181 万亩稻谷产量和 1400 万亩小麦产量。

四、中国粮食生产能力提升的战略导向与实施路径

（一）战略导向

1. 坚持科技与改革双轮驱动

在农业资源和生态环境紧约束的情况下，发挥科技和改革创新驱动是我国粮食产能提升的最大潜力所在，是保障我国粮食安全的根本出路。向科技要产能要产量，要深入落实“藏粮于技”战略，聚焦核心种源、关键农机装备、耕地质量和农业节水等领域，系统性实现良田、良种、良机、良法等持续创新，提高粮食生产智能化、机械化、集约化水平和粮食单产水平。同时，向改革要效能，深化农业科技创新体制改革和农村土地改革，持续完善粮食生产支持保护制度，为粮食产能提升增动力、添活力。

2. 坚持数量与质量并重

新一轮粮食产能提升要改变传统的单一追求产量、忽视市场需求变化和产品质量的粮食生产理念。粮食数量充足是牢牢把住 14 亿人口的粮食安全主动权的重要基础，要根据

未来粮食需求总量和结构变化，把握供求平衡的重点和难点，谋划长远，强生产保基本、保底线，努力实现中长期供求总量和结构双平衡。为满足城乡居民对优质安全粮食产品日益增长的消费需求，在保证供给总量持续增加的同时，要高度重视质量提升，推动粮食生产向产量质量并重转变，下大力气建立健全务实有效的粮食质量安全体系，全面提升粮食产品质量安全水平，满足人民群众“吃得好”“吃得健康”的需求。

3. 坚持增产与减损两端发力

减少粮食损耗是保障粮食安全的重要途径，也是助力碳达峰碳中和的内在要求。《中国农业发展报告 2023》显示，到 2035 年，若通过科技进步、农技推广、全民节粮减损行动等措施，实现三大主粮损失率在当前基础上降低 40%，我国可实现粮食损失减少约 1100 亿斤。在千方百计提高粮食产量的同时，也要推动降低粮食损失，将粮食减损与增产放在同等重要的位置，突出重点领域和关键环节，坚持系统治理、依法治理、长效治理，推进全链条节粮减损，促进粮食减损增效。

4. 走绿色可持续发展之路

为确保国家长远发展和民族繁衍生息，必须格外珍惜我们赖以生存的农业资源和生态环境，绝不能以牺牲资源环境为代价换取一时之利。造福当代、泽被后世，牢固树立保护生态环境就是保护生产力、改善生态环境就是发展生产力的理念，下决心转变粮食生产方式，从依靠拼资源消耗、拼农资投入、拼生态环境的粗放经营转到注重提高治理和效益的集约经营上来，科学规划生产力布局，依据资源环境条件设定生产目标，实现生产稳步发展、资源永续利用、生态环境友好。

（二）实施路径

1. 强基础，抓住耕地和种子“两个要害”

一是强化粮食生产基础设施建设。根据《2019 年全国耕地质量等级情况公报》，我国四至十等的中低产田占耕地面积的 68.8%，耕地质量提升空间较大。要深入落实“藏粮于地”战略，加快改造中低产田，逐步把 15.46 亿亩永久基本农田全部建成高标准农田。在粮食主产区重点市、县开展整区域推进高标准农田建设试点，创新高标准农田管理机制、投入模式和技术路径，筑牢良田“耕基”。推进“吨粮田”创建，坚持产量产能、数量质量、生产生态并重，鼓励支持规模化经营主体积极参与吨粮田创建。进一步加强农田水利基础设施配套和节水灌溉工程建设，围绕东北地区节水增粮、西北地区节水增效、华北地区节水压采、南方地区节水减排，建设一批规模化高效节水灌溉区。

二是打好种业翻身仗。以种业振兴行动为依托，不断加强生物育种研究应用，开展基于现代育种技术的作物种质资源创新利用及新品种选育，以“高产优质、抗逆广适、专用高效、适宜机械化”为主攻方向，重点在小麦、玉米、大豆和水稻四大作物领域培育突破性新品种，进一步扩大转基因玉米大豆产业化应用试点范围。提升企业创新主体地位，整合聚集各方资源，支持科研单位、金融机构与优势企业对接，出台种业专利实施许可、转让和作价投资入股等政策，推出适合种业特点的金融保险产品，发挥产业基金、股权投资等引导孵化作用，支持企业牵头承担育种基地建设项目，健全育繁推一体化的商业化育种体系。加强种业市场管理监督，强化种业知识产权保护，严打假冒伪劣、套牌侵权等种业违法行为。

2. 强科技，走中国特色科技兴粮之路

一是加强农业科技创新与集成。加强农业科研体制改革，特别是成果使用、处置和收益管理的改革，建立协同创新机制，形成有利于激发创新活力的制度环境。健全农业科技优先投入机制，逐步将农业科技研发投入占农业总产值比重提高到 2% 以上。发挥我国新型举国体制优势，集中力量推动核心种源、关键农机装备、耕地质量、农业节水等领域关键核心技术攻关，加快推进重大创新平台建设。加强中低产田改造技术集成示范，突破中低产田增产增效关键技术，创新集成抗旱新品种、集水抗旱、膜下灌溉等技术，提高干旱半干旱地区的粮食产量。研究推广耐盐新品种、微咸水利用、土壤改良等针对盐碱地的新技术，深挖盐碱地粮食增产潜力。

二是促进科技成果集成与转化应用。建立“产学研用”一体化农业技术推广联盟，进一步落实科研院所自主权，鼓励支持科研人员技术转化，完善成果转化收入分配机制。加强科研单位和农企之间的协作，鼓励科技成果以资本形式入股企业，形成利润共享、风险共担的共同体，实现科研成果市场和社会价值双提升。创新农业科技服务机制，充实专业农技人才，建设职能明确、运行高效、服务到位的新型农技推广体系。

3. 提质量，调整优化粮食生产结构布局

一是以资源环境承载力为基准，优化粮食生产区域布局。综合考虑自然、经济和政治因素，动态调整优化粮食主产区、产销平衡区和主销区。以粮食生产核心区的县（市、区）为单位，依托区域优势农业资源，集中连片建设以东北、黄淮海和长江流域等为主体的粮食安全产业带，促进集聚集群融合发展。

二是以市场需求为导向，优化粮食生产结构。在确保口粮绝对安全的基础上，扩大玉米和大豆种植面积。挖掘北方农牧交错带、西南地区的玉米种植潜力，积极发展青贮玉米生产；加强耐盐碱大豆新品种培育力度，深挖盐碱地潜力，建立耐碱大豆品种审定推广“绿色通道”，加大耐碱大豆新品种推广力度，探索规模化、标准化、集约化种植，提高大豆产量。

三是增加优质粮食产品供给。净化产地环境，推广减肥减药、有机肥替代化肥、畜禽粪污资源化利用等绿色生产技术，推动适合适度规模经营的粮食生产标准化进程。发挥“中国好粮油”带动作用，推动区域公用品牌－企业品牌－产品品牌三位一体的粮油品牌体系，增加优质粮食产品供给能力。

4. 降损失，推进全链条粮食减损

生产和收获环节，要加强生产源头管控，推动精量播种、适量播种，减少农业生产用种，切实做好干旱、洪涝等农业自然灾害的预警和应急处置，组织农技人员深入田间地头指导农民进行田间管理，加强农技农艺配套，推进粮食生产全程机械化，提升机收作业标准化水平，降低收获过程损耗，确保颗粒归仓。储存环节，加强农户科学储粮设施支持力度，重点加强粮食主产区专业农户、规模农户储粮设施建设与改造，减少储粮损耗。加快补齐粮食烘干机械化短板，统筹资金对粮食产后服务中心建设、烘干成套设施装备配置进行支持，加大粮食烘干成套设施装备农机补贴力度。运输环节，要加强粮食运输环节减损保障，优化粮食现代物流布局，完善农村物流节点网络体系，建设铁路专用线、专用码头、散粮中转及配套设施，推广散粮运输专用工具，减少跑冒滴漏。加工环节，要提升加工综合利用水平，健全粮食适度加工标准体系，优化加工技术装备和工艺，提高粮食加工转化率和副产物综合利用率。

5. 建机制，健全粮食增产保障机制

一是构建农民种粮增收长效机制。按照“政策扶持、经营增效”的思路，以产业带动与财政支持的有效合力提高农民种粮收益。健全完善价格、补贴、保险“三位一体”的政策体系，坚持完善最低收购价政策，增强政策弹性；改变粮食补贴资金“撒胡椒面”的使用方式，“聚零为整”用于增强粮食产业抵御自然灾害和市场波动的抗风险能力，提高对粮食生产者补贴的精准性；推动主要粮食作物完全成本保险和收入保险全国全覆盖，提高保费财政补贴比例，提高种粮风险保障水平，助力农民保收增收。

二是健全粮食主产区利益补偿机制。继续增加粮食生产大县财政奖励规模，国家农业投资项目优先在粮食生产大县实施，取消或减少粮食主产县涉农投资项目的地方资金配套。探索主销区多种形式补偿主产区机制，研究按粮食播种面积、产量、人均占有量、调出量等指标核定对粮食主产区奖励资金规模的办法。

三是健全粮食安全责任制。合理划分主产区、主销区和产销平衡区的粮食产能提升任务，设置差异化的增产目标。聚焦主销区和平衡区粮食自给率下滑问题，将粮食自给率指标列为省级党委和政府落实耕地保护和粮食安全责任考核指标，设定粮食自给率最低线，倒逼各地落实粮食安全责任。将粮食自给率与相关支持政策相衔接，对达不到最低线要求的省份进行相应惩罚，引导主销区和平衡区逐步提高自给率水平。

五、结论与政策启示

粮食生产能力是我国建设农业强国的重要基础，是保障国家粮食安全、抵御各种风险挑战的关键。党的十八大以来，我国粮食生产实现了历史性的“十九连丰”，粮食产量站稳 1.3 万亿斤台阶，主要得益于党的坚强组织保障、完备的农业科研和推广体系、明显改善的农业生产条件和健全的强农惠农政策体系。对照中国特色农业强国建设任务，高位实现粮食产能新的突破，面临资源环境硬约束加剧、农业科技创新体系效能不高和供给体系结构性矛盾突出等诸多困难与挑战。因此，本书建议转变粮食生产方式，坚持科技与改革双轮驱动、数量与质量并重和增产与减损两端发力，走绿色可持续发展之路，实现粮食生产数量安全、质量安全和生态安全。在稳步提升粮食生产能力的同时，还要不断延伸粮食生产的产业链、提升价值链、打造供应链，将粮食资源优势转化为经济优势，弥补传统经营方式的不足，促进小农户和现代粮食产业有机融合，全面提升粮食产业链韧性，全方位夯实国家粮食安全根基，筑牢以新安全格局保障新发展格局的物质基础。

参考文献

[1]丛亮，2022.深入贯彻习近平总书记重要论述 切实保障国家粮食安全[J].中国粮食经济，2022(7)：4-7.

[2]高鸣，赵雪，2023.农业强国视域下的粮食安全：现实基础、问题挑战与推进策略[J].农业现代化研究，44(2)：185-195.

[3]李腾飞，曾伟，2023.农业强国背景下新一轮粮食产能提升潜力与实施路径研究[J].经济纵横(9)：48-55.

[4]刘明月，普莫喆，钟钰，2021.粮食安全省长责任制的党政同责机制构建研究[J].湖南师范大学社会科学学报，50(5).

[5]刘同山，韩国莹，2021.要素盘活：乡村振兴的内在要求[J].华南师范大学学报(社会科学版)(5)：123-136，207.

[6]全世文，2022，中国粮食安全战略及其转型[J].华南师范大学学报（社会科学版）（3）：112-121，207.

[7]魏后凯，崔凯，2022.农业强国的内涵特征、建设基础与推进策略[J].改革（12）：1-11.

[8]张琛，彭超，毛学峰，2022.非农就业、农业机械化与农业种植结构调整[J].中国软科学（6）：62-71.

[9]张红宇，2023.建设有中国特色农业强国[J].农村工作通讯（1）：15-18.

[10]郑风田，普蓂喆，2023.量质兼顾下新一轮千亿斤粮食产能提升：思路与举措[J].中州学刊（4）：46-53.

[11]朱满德，李成秀，程国强，2023.保障国家粮食安全：在增产与减速两端同时发力[J].农业现代化研究，44（2）：222-232.

第四章

我国食物对外依存度现状与供应保障路径研究[①]

洪范八政，食为政首。食物安全已成为关系到我国经济社会可持续发展的重要问题。联合国粮农组织于 1974 年首次提出“食物安全”（food security）概念，直译为“食物安全”或“食物保障”，概念的范围远大于“粮食安全”，但国内学者约定俗成地将其当作“粮食安全”。习近平总书记早在福建工作时，在《摆脱贫困》一书中提出“现在讲的粮食即食物，大粮食观念替代了以粮为纲的旧观念”。近年来，习近平总书记多次强调，要树立大食物观，在确保粮食供给的同时，保障肉类、蔬菜、水果、水产品等各类食物有效供给，缺了哪样也不行。加入世贸组织以来，随着国内外农产品市场融合程度日益加深，受食物消费结构升级、国内外价差等因素影响，我国农产品贸易逆差持续扩大，部分食物对外依存度不断提高，特别是大豆、植物油等食物供应高度依赖国际市场，

---

① 本章内容刊发于《新疆农垦经济》2023 年第 3 期，并进一步作了修改完善。

且进口来源国高度集中，影响国家食物安全，受到社会各界高度关注与担忧。

对外依存度是各国广泛采用的衡量一国经济对国外依赖程度的指标，可以全面地对某个产业的发展状况进行衡量。对外依存度指标可细化为出口依存度、进口依存度和净依存度，净依存度可以在一定程度上反映产业安全问题。回顾文献，国内大部分学者从食物自给率角度评估我国食物安全问题，鲜有文献从食物对外依存度角度进行研究。现有从食物净依存度角度评估中国食物安全问题的研究仅是分析某一品种的进口对外依存度，或者从产值角度评估农业对外依存。比如，谢惠敏、田志宏基于关联产品视角测算中国油料对外依存度，认为 2017 年中国油料进口依存度为 71%，其中大豆进口依存度高达 89%。李靖通过贸易额与农业产值的比测算中国农业对外依存度，认为 2007 年中国农业对外总依存度为 12%。此外，已有的研究使用表观消费量即净进口量与产量之和来衡量实际消费量，而忽略了库存，其测算的对外依存度结果准确度不够。为准确评估我国各类食物对外依存度，本章通过使用净进口量与消费量的比值全面测算中国不同品种的食物对外依存度，并分析其影响因素，并进一步提出了保障食物供应的路径与政策建议，以期为保障国家食物安全提供理论基础和现实参考。

一、加入 WTO 以来中国食物供需变化趋势

（一）国内食物生产呈全面增长态势

从土地密集型食物生产看，缺乏比较竞争优势的谷物、油料和食糖等大宗农产品产量总体保持长期增长趋势，并未因进口冲击而出现下滑。据国家统计局数据，在稻谷、小麦最低收购价和玉米临时收储政策及生产者补贴等政策支持下，2021 年国内谷物产量从 2000 年的 3.42 亿吨增至 5.46 亿吨，创历史最高水平，实现年均 2.3% 的持续增长，尤其是近十年谷物产量稳定在 5.0 亿吨以上，为实现“谷物基本自给、口粮绝对安全”奠定了坚实可靠的内循环基础。与具有耕地竞争关系的谷物相比，油料作物和糖料作物单产水平低，大部分品种机械化程度低，种植效益偏低，某些年份产量出现下滑，但在国家大豆振兴计划和食糖调控政策的支持下，总体保持相对缓慢增长趋势。据国家统计局数据，2000—2021 年，油料产量从 4919 万吨增至 5993 万吨，年均增长 0.9%；食糖产量从 695 万吨增至 1060 万吨，年均增长 1.9%。在油料生产和进口增长带动下，2000—2021 年，我国植物油产量从 492 万吨增至 599 万吨，年均增长 0.9%。

从劳动密集型食物生产看，具有较强比较竞争优势、高附加值的肉蛋奶、水果、蔬菜和水产品等农产品产量也

实现了较快增长，水果增速最为显著。据国家统计局数据（见表4-1），2000—2021年，水果产量从0.62亿吨增至2.96亿吨，年均增长7.3%；产量前5的是苹果、香蕉、柑橘、梨和葡萄，其产量占我国水果总产量的50%左右；蔬菜产量从4.45亿吨增至7.75亿吨，年均增长3.0%；水产品产量从3617万吨增至6255万吨，年均增长2.7%。在国内谷物增产和大豆进口增加的支撑下，畜牧养殖业也保持长期增长态势。据国家统计局数据，2000—2021年，肉类产量从5955万吨增至8125万吨，年均增长1.2%，并且生产结构不断调整优化，猪肉占比下降，牛羊禽等其他肉类产量占比持续提高，有效满足了居民多样化的消费需要；蛋产量从2182万吨增至3408万吨，年均增长2.1%；奶类产量从977万吨增至3911万吨，年均增长6.8%。农副产品产量的增长为有效满足人民消费结构升级，实现由“吃得饱”向“吃得好”、“吃得营养健康”转变奠定了坚实的物资基础。

（二）国内食物消费呈总量快速增长、结构优化态势

随着经济快速发展、收入水平的不断提高，我国食物消费进入快速增长时期，各类食物消费量均大幅增加，食物消费更加多样化，由单一的粮食、蔬菜为主向多元化发展，由植物性食物为主向动植物性食物并重转变，结构更加合理。美国农业部数据显示，2000—2021年，我国食物

表 4-1　2000—2021 年我国食物产量变化趋势

年份	土地资源密集型食物				劳动资源密集型食物					
	谷物（亿吨）	油料（万吨）	植物油（万吨）	食糖（万吨）	肉类（万吨）	蛋（万吨）	奶（万吨）	蔬菜（亿吨）	水果（亿吨）	水产品（万吨）
2000	3.42	4919	492	695	5955	2182	977	4.45	0.62	3617
2003	3.21	4956	496	1138	6348	2333	1932	5.4	1.45	3943
2006	3.93	5285	528	945	6984	2424	3411	5.4	1.71	4455
2009	4.3	5590	559	1332	7525	2743	3216	5.91	2.04	4903
2012	5.0	5635	563	1234	8196	2861	3470	6.16	2.21	5333
2015	5.5	5079	508	1100	8539	3047	3506	6.64	2.45	6013
2018	5.42	5755	576	1030	8522	3128	3335	7.03	2.57	6221
2019	5.46	5986	599	1076	7649	3310	3417	7.21	2.74	6224
2020	5.48	6324	632	1040	7625	3440	3663	7.49	2.87	6090
2021	5.63	5993	599	1060	8125	3408	3911	7.75	2.96	6255

注：1. 谷物、油籽、植物油、食糖和奶的产量数据来源于美国农业部，其中稻米是将稻谷按照 70% 的折算系数而来。

2. 肉类数据来源于《OECD-FAO 农业展望报告 2021—2030》。

3. 水果和蔬菜产量数据来源于国家统计局。

消费总量从 10.8 亿吨增至 21.0 亿吨，年均增长 3.2%。消费增速最显著的是水果、奶和植物油。2000—2021 年，我国水果消费量从 0.62 亿吨增至 2.97 亿吨，年均增长 7.7%；奶类消费量从 982 万吨增至 4189 万吨，年均增长 7.2%；植物油消费量从 639 万吨增至 1561 万吨，年均增长为 4.3%（见表 4–2）。食糖、蔬菜、水产品、蛋和肉类消费量也保持较快增速。2000—2021 年，我国食糖消费量从 848 万吨增至 1550 万吨，年均增长 2.9%；蔬菜消费量从 4.43 亿吨增至 7.68 亿吨，年均增长 2.7%；水产品消费量从 3484 万吨增至 5986 万吨，年均增长 2.6%；蛋消费量从 2175 万吨增至 3398 万吨，年均增长 2.2%；肉类消费量从 5968 万吨增至 8803 万吨，年均增长 1.9%（见表 4–2）。谷物和油料分别是饲料粮重要的能量来源和蛋白来源，肉蛋奶和水产品消费量的快速增长也带动谷物等饲料粮需求大幅增加。美国农业部数据显示，2000—2021 年，我国油料消费量从 6394 万吨增至 15606 万吨，年均增长 4.3%；谷物消费量从 3.72 亿吨增至 6.21 亿吨，年均增长 2.5%（见表 4–2）。食物消费结构也更加优化，2000—2021 年，我国谷物和蔬菜的消费量占食物总消费量的比重由 77.8% 降至 68.2%[①]。

① 根据国家统计局数据计算所得。

表 4-2　2000—2021 年我国食物消费变化趋势

年份	土地资源密集型食物				劳动资源密集型食物					
	谷物（亿吨）	油料（万吨）	植物油（万吨）	食糖（万吨）	肉类（万吨）	蛋（万吨）	奶（万吨）	蔬菜（亿吨）	水果（亿吨）	水产品（万吨）
2000	3.72	6394	639	848	5968	2175	982	4.43	0.62	3484
2003	3.73	6981	698	1095	6325	2323	1942	5.37	1.45	3691
2006	3.81	8531	853	1150	6944	2415	3418	5.35	1.70	4012
2009	4.25	10325	1032	1450	7567	2728	3240	5.86	2.02	4520
2012	4.79	12520	1252	1420	8252	2850	3541	6.10	2.20	4916
2015	5.06	14107	1411	1560	8684	3037	3614	6.58	2.45	5654
2018	5.53	14990	1499	1570	8781	3118	3507	6.96	2.57	5885
2019	5.64	15759	1576	1580	8078	3300	3625	7.13	2.75	5887
2020	6.10	16202	1620	1540	8413	3430	3883	7.41	2.87	5809
2021	6.21	15606	1561	1550	8803	3398	4189	7.68	2.97	5986

注：1. 谷物、油籽、植物油、食糖和奶的消费数据来源于美国农业部，其中稻米是将稻谷按照 70% 的折算系数而来（下同）。

2. 肉类数据来源于《OECD-FAO 农业展望报告 2021—2030》（下同）。

3. 水果和蔬菜消费数据为产量 + 净进口量。其中产量数据来源于国家统计局，进口和出口数据来源于 UN Contrade 数据库（下同）。

4. 油籽包含大豆（下同）。

（三）国内食物进口快速增长

从土地密集型食物看，在国内增产情况下，加入 WTO 以来我国谷物、油料和食糖进口呈快速增长趋势，而出口量不断下降，已全部处于净进口状态。据美国农业部数据显示，2000—2021 年，我国谷物进口量从 288 万吨增至 5667 万吨，年均增长 15.2%，谷物进口量增加主要受品种结构性的短缺和国内外价差的影响。从 2008 年开始谷物由净出口转变为净进口，2008 年为 60 万吨，至 2021 年提高到 5371 万吨，年均增长 41.3%。油料、植物油和食糖净进口规模也快速扩大（见表 4–3）。据美国农业部数据，2000—2021 年，我国油料净进口量从 1454 万吨扩大至 9347 万吨，年均增长 6.2%；植物油净进口量从 145 万吨扩大至 935 万吨，年均增长 6.2%；食糖净进口量从 56 万吨扩大至 621 万吨，年均增长 16.1%（见表 4–3）。特别是，谷物进口量占我国食物进口总量比重由 12% 升至 30.5%[①]，这也大体符合我国人多地少的农业资源禀赋特征，既满足了全社会对优质农产品不断增长的需求，又减轻了国内资源环境承受的压力。

具有比较优势的劳动密集型食物进口量也快速增长，主要是品种调剂，满足国内消费者高品质、差异化和特色农产品需求。据《OECD–FAO 农业展望报告 2021—2030》数据，

① 根据美国农业部数据计算所得。

2000—2021 年，我国肉类进口量从 105 万吨增至 737 万吨，年均增长 9.7%，进口量最多的是牛肉，主要由于我国居民消费升级，高蛋白、低脂肪的牛肉备受年轻消费群体偏好。从 2007 年开始，我国肉类呈持续净进口状态，2007 年为 7 万吨，2021 年提高至 678 万吨。据美国农业部数据，2000—2021 年，我国奶类的进口量也呈指数型上升，由 9 万吨扩大至 286 万吨，年均增长 17.9%，主要进口的是奶粉、奶酪和奶油。水果进口量也呈持续扩大态势，由净出口国转变为净进口国，2018 年净进口量为 20 万吨，2021 年提高至 116 万吨，年均增长 79.8%，进口的主要是附加值较高的樱桃、龙眼、榴莲等。我国蔬菜和水产品仍保持较强的出口竞争力，出口量稳步增长（见表 4–4），同时进口量也快速增加。据联合国商品贸易统计数据库，2000—2017 年，我国蔬菜年进口量保持在 5 万吨左右，但是 2018 年蔬菜进口量跳涨至 24 万吨，2021 年扩大至 32 万吨，进口最多的是干辣椒（见表 4–3）。

表 4–3　2000—2021 年我国食物进口变化趋势

单位：万吨

年份	土地资源密集型食物				劳动资源密集型食物					
	谷物	油料	植物油	食糖	肉类	蛋	奶	蔬菜	水果	水产品
2000	288	1561	156	69	105	0	9	5	51	153
2003	640	1736	174	84	86	0	15	3	59	182
2006	201	2970	297	123	66	0	14	5	68	272

续表

年份	土地资源密集型食物				劳动资源密集型食物					
	谷物	油料	植物油	食糖	肉类	蛋	奶	蔬菜	水果	水产品
2009	550	5254	525	108	102	0	26	3	114	281
2012	1163	6352	635	443	138	0	76	5	175	320
2015	2560	8793	879	506	218	0	116	3	263	412
2018	1666	8673	867	435	331	0	170	24	313	456
2019	2523	10271	1027	409	497	0	211	31	358	501
2020	6506	10412	1041	381	846	0	227	30	350	436
2021	5667	9446	945	638	737	0	286	32	406	421

表 4-4　2000—2021 年我国食物出口变化趋势

单位：万吨

年份	土地资源密集型食物				劳动资源密集型食物					
	谷物	油料	植物油	食糖	肉类	蛋	奶	蔬菜	水果	水产品
2000	977	107	11	13	93	7	4	182	62	286
2003	1143	122	12	7	109	10	5	354	123	423
2006	959	144	14	12	106	9	7	466	167	729
2009	175	94	9	9	60	15	3	530	289	626
2012	142	94	9	5	83	11	4	595	264	736
2015	103	88	9	17	73	10	3	648	242	756
2018	384	121	12	21	73	10	3	784	293	818
2019	369	114	11	19	67	10	3	806	294	808

续表

年份	土地资源密集型食物				劳动资源密集型食物					
	谷物	油料	植物油	食糖	肉类	蛋	奶	蔬菜	水果	水产品
2020	299	100	10	13	58	10	3	848	315	721
2021	296	99	10	17	59	10	3	785	290	691

二、加入 WTO 以来我国食物对外依存度变化趋势及原因

（一）我国食物对外依存度变化趋势

表 4–5 为以实物净进口数量与国内总消费量的比值计算的我国各类食物对外依存度。可以看出，加入 WTO 以来，国内主要食物的对外依存度明显提高。

从土地密集型食物看，谷物基本自给、口粮绝对安全，油籽、植物油和食糖对外依存度高。第一，近 20 年我国谷物对外依存度虽有所提高，但总体控制在 10% 以内，三大主粮仍以国内供应为主。2000—2021 年，我国谷物对外依存度从 –1.8% 提高至 8.7%。其中，稻米和小麦对外依存度分别从 –1.2%、–0.4% 提高至 2.5% 和 5.9%，但总体保持较高的自给能力，少量进口主要是品种调剂；而玉米、大麦、高粱对外依存度则明显提高，分别从 –6.0%、47%、0.1% 提高至 7.5%、72.6% 和 78.5%，主要是为了满足能量饲料原料消费需求（见表 4–5）。第二，近 20 年我国油脂油料和食

糖对外依存度明显提高，特别是大豆高度依赖国际市场供应。2000—2021 年，我国油料对外依存度从 22.7% 提高至 59.9%，其中大豆从 48.8% 提高至 85.3%，主要是豆粕等蛋白饲料原料国内缺口巨大；将进口的大豆、油菜籽、花生、葵花籽等油料折油，我国植物油对外依存度由 37.5% 提高至 68.4%，最高时达 81.7%；食糖对外依存度从 3.0% 提高至 40.3%（见表 4–5）。

从劳动密集型食物看，肉类基本自给，蛋、液态奶、水果、蔬菜和水产品绝对安全，奶制品对外依存度高。第一，肉类对外依存度总体低于 10%，猪肉、禽肉、羊肉对外依存度较低，但牛肉对外依存度较高。2000—2021 年，我国肉类对外依存度从 0.2% 提高至 7.7%，总体仍保持较高自给能力。其中，猪肉从 –0.3% 提高至 7.1%；羊肉从 0.5% 提高至 6.9%；禽肉从 2.3% 提高至 6.9%；而牛肉对外依存度明显提高，从 –0.9% 提高至 22.7%（见表 4–5）。第二，奶产品对外依存度总体不足 7%，液态奶基本自给，但奶粉、奶油和奶酪高度依赖进口。2000—2021 年，我国奶产品对外依存度从 0.5% 提高至 6.8%，总体仍以国内供应为主。其中，液态奶从 –0.2% 提高至 3.2%；而奶粉则从 9.8% 提高至 56.4%。特别是，2012—2021 年，我国奶油对外依存度从 32.7% 提高至 55.7%；奶酪对外依存度从 12.8% 提高至 90.7%（见表 4–5）。第三，蛋、蔬菜和水产品保持净出口态势，其基本完全自给。水果对外依存度不足 1%，也基本自给（见表 4–5）。

（二）我国食物对外依存度提高的原因

1. 成本因素，国内外价差驱动“非必需”食物进口增加

农产品属于同质性较高的产品，竞争力的高低由价格决定，也就是由生产成本高低决定。高水平对外开放下，农产品贸易的决定因素是国内外价差，当国际价格显著低于国内价格，即使国内产量增加、产需缺口下降，进口量也会不降反升，出现“国货入库、洋货入市”局面。近年来，随着劳动力、土地、环境保护、质量安全成本的显性化和不断提高，我国农业进入成本快速上涨时期，大宗农产品生产成本已全面超过国外水平，竞争优势逐步丧失。据《全国农产品成本收益资料摘要 2021》数据显示，2003—2020年，我国谷物、大豆、甘蔗、甜菜、猪、奶牛的每亩（头）生产成本分别增长了 2.0 倍、1.8 倍、2.1 倍、2.6 倍、3.5 倍和 1.0 倍。自 2011 年开始，我国主要农产品特别是土地密集型农产品的生产成本先后超过美国，竞争优势逐渐丧失。2021 年我国稻谷、小麦、玉米和大豆每亩生产比美国高出12.8% ~ 179.6%；若考虑单产差异，我国稻谷、玉米和大豆的生产成本比美国高更多（见表 4–6）。自 2013 年开始，国内大宗农产品价格“成本地板”的抬高使得国内外主要粮食品种价格逐渐开始倒挂，差距不断扩大，大豆国内外价差最高时达到 1.3 元 / 斤，小麦保持在 0.2 ~ 0.4 元 / 斤的差距，玉米价差也不断拉大，粮食进口的价差驱动特征日渐增

表 4-5　2000—2021 年我国食物对外依存度变化趋势

单位：%

	产品	2000年	2003年	2006年	2009年	2012年	2015年	2018年	2019年	2020年	2021年
土地密集型食物	谷物	-1.8	-1.3	-2.0	0.9	2.1	4.9	2.3	3.8	10.2	8.7
	小麦	-0.4	0.9	-2.3	0.5	1.6	2.3	1.7	3.4	6.6	5.9
	稻米	-1.2	0.2	-0.7	-0.2	2.0	3.2	0.3	0.0	1.3	2.5
	玉米	-6.0	-5.9	-3.6	0.7	1.3	1.4	1.6	2.7	10.4	7.5
	大麦	47.0	29.2	25.1	52.9	54.6	78.3	74.0	74.6	92.7	72.6
	高粱	0.1	-6.2	-6.8	2.5	24.2	78.7	16.8	54.1	76.0	78.5
	油料	22.7	23.1	33.1	50.0	50.0	61.7	57.1	64.5	63.6	59.9
	大豆	48.8	48.3	61.3	84.0	77.7	86.7	80.4	89.2	88.4	85.3
	植物油	37.5	53.1	60.2	69.6	72.2	68.8	71.4	81.3	81.7	68.4
	食糖	3.0	6.6	8.7	6.9	30.8	32.1	26.5	24.6	23.5	40.3
劳动密集型食物	肉类	0.2	-0.4	-0.6	0.5	0.7	1.7	2.9	5.3	9.4	7.7
	猪肉	-0.3	-0.9	-1.1	-0.2	0.7	1.2	2.2	4.4	9.5	7.1
	牛肉	-0.9	-0.8	-2.2	-0.8	0.1	8.0	13.3	19.3	23.5	22.7

续表

	产品	2000年	2003年	2006年	2009年	2012年	2015年	2018年	2019年	2020年	2021年
劳动密集型食物	羊肉	0.5	0.7	0.2	1.5	2.9	4.8	6.3	7.4	6.9	6.9
	禽肉	2.3	1.3	1.6	3.0	0.4	0.0	0.3	1.6	4.7	3.9
	奶	0.5	0.5	0.2	0.7	2.0	3.1	4.8	5.7	5.8	6.8
	液态奶	–0.2	–0.1	–0.1	0.0	0.2	1.3	2.0	2.6	2.8	3.2
	奶粉	9.8	12.7	8.6	18.5	31.9	25.2	43.5	48.7	50.4	56.4
	奶油	–	–	–	–	32.7	43.0	52.2	44.4	53.0	55.7
	奶酪	–	–	–	–	12.8	92.7	93.1	90.6	90.2	90.7
	水果	–0.2	–0.4	–0.6	–0.9	–0.4	0.1	0.1	0.2	0.1	0.4
	蛋	–0.3	–0.4	–0.4	–0.5	–0.4	–0.3	–0.3	–0.3	–0.3	–0.3
	蔬菜	–0.4	–0.7	–0.9	–0.9	–1.0	–1.0	–1.1	–1.1	–1.1	–1.0
	水产品	–3.8	–6.5	–11.4	–7.6	–8.5	–6.1	–6.1	–5.2	–4.9	–4.5

注：笔者根据本文表1、表2、表3和表4的数据计算得出。

强，超过国内正常供需缺口之外的非必需进口大量增加（见图 4–1 至图 4–4）。相关测算结果显示，2012—2015 年我国每年粮食产需缺口约为 5000 万吨，但净进口量在 8000 万～10000 万吨，如果考虑大豆与谷物之间的替代性，估计超过一半的进口粮食为“非必需进口”；若进一步考虑国内库存，有的年份甚至全部为“非必需进口”。主要畜产品也存在较大的国内外差距，猪肉、牛肉和羊肉国内外价格比一度扩大至 2.8、2.5 和 2.4，导致肉类进口急剧增长。食物“非必需”进口的增加不仅会对国内农业生产造成挤压，还会冲击农民就业，影响农民收入。

表 4–6　2020 年中美主要农产品单位产量生产成本比较

单位：元

农产品	每亩成本			每 50 公斤成本		
	中国	美国	中国高于美国幅度（%）	中国	美国	中国高于美国幅度（%）
稻谷	1253.5	1111.1	12.8	132.4	90.66	46.0
小麦	1026.5	367.1	179.6	116.1	78.73	47.5
玉米	1080	784.5	37.7	105.1	52.6	99.8
大豆	720.5	568.2	26.8	265.2	120.1	120.8

注：数据来源于《全国农产品成本收益资料摘要 2021》。

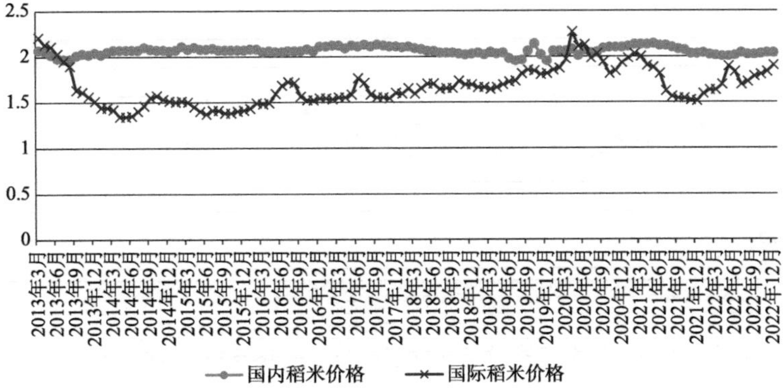

图 4-1　2013—2022 年国内外稻米价格变化趋势（元 / 斤）

注：数据来源于农业农村部。

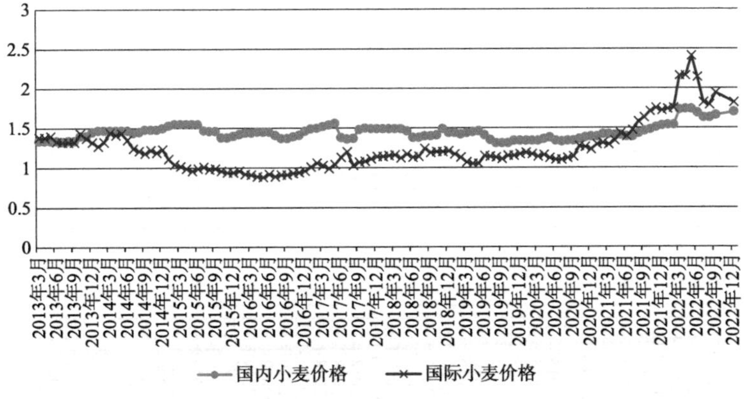

图 4-2　2013—2022 年国内外小麦价格变化趋势（元 / 斤）

注：数据来源于农业农村部。

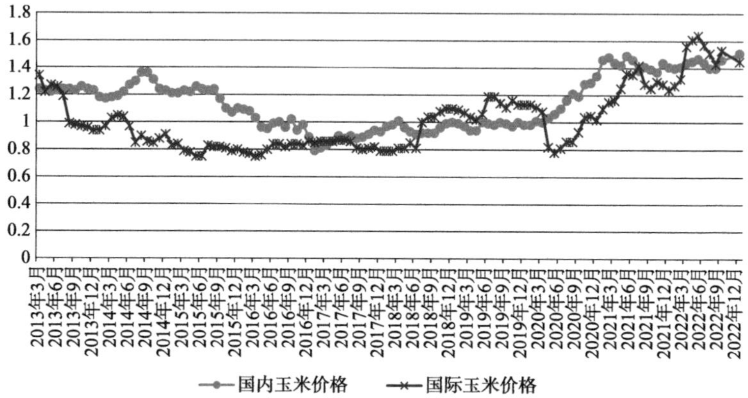

图 4-3　2013—2022 年国内外玉米价格变化趋势（元 / 斤）

注：数据来源于农业农村部。

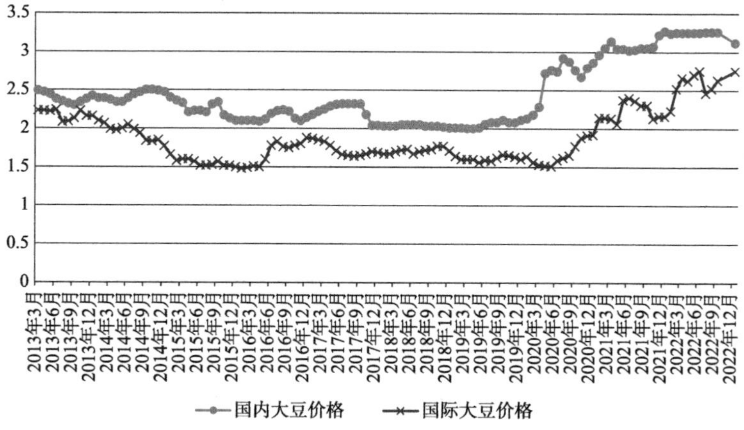

图 4-4　2013—2022 年国内外大豆价格变化趋势（元 / 斤）

注：数据来源于农业农村部。

2. 需求因素，产需缺口扩大支撑食物进口增加

与我国同属人多地少、饮食习惯相近的日本和韩国，两

国在经济和城镇化快速发展过程中，都经历了食物自给能力下降，对外依存度不断提高的过程。加入 WTO 以来，我国经济的快速发展以及工业化、城镇化的急速推进，不断与农业发展争夺土地、水、劳动力等资源，农业生产的水土资源约束越来越紧，严重制约了增产的能力。与此同时，根据班尼特定律，随着人民收入水平的提高，居民米面等淀粉类食物消费不断下降，油糖肉蛋奶等营养丰富的食物需求大幅度增加。尽管在党中央、国务院的大力支持下我国食物生产未受进口冲击而实现全面增长，但是土地密集型食物以及高度依赖粮食的肉奶产量增速远小于消费，导致产需缺口逐年扩大，依靠国内生产难以满足大国居民食物消费需求，需要适度进口食物保障国内供应。2000—2021 年，我国谷物产需缺口从 3000 万吨扩大至 5800 万吨，增长 93.3%；油料缺口从 1475 万吨扩大至 9613 万吨，增长 5.5 倍；植物油缺口从 147 万吨扩大至 962 万吨，增长 5.5 倍；食糖缺口从 153 万吨扩大至 490 万吨，增长 2.2 倍；肉类缺口从 13 万吨扩大至 678 万吨，增长 51.2 倍；奶产品缺口由 5 万吨扩大至 278 万吨，增长 54.6 倍（见表 4–7）。据专家测算，2021 年我国进口的大豆和植物油数量相当于使用了境外 8.5 亿亩种植面积，我国农产品进口数量相当于 10 亿亩以上的播种面积。因此，适度进口食物既是满足不断增长需求的理性选择，也是我国农业发展客观现实的必然趋势。

表 4-7　2000—2021 年我国食物产需缺口变化趋势

单位：万吨

年份	谷物	油料	植物油	食糖	肉类	奶
2000	–3000	–1475	–147	–153	–13	–5
2003	–5200	–2025	–202	43	23	–10
2006	1200	–3246	–325	–205	40	–7
2009	500	–4735	–473	–118	–42	–24
2012	2100	–6885	–689	–186	–56	–71
2015	4400	–9028	–903	–460	–145	–108
2018	–1100	–9235	–923	–540	–259	–172
2019	–1800	–9773	–977	–504	–429	–208
2020	–6200	–9878	–988	–500	–788	–220
2021	–5800	–9613	–962	–490	–678	–278

注：根据表 4–1、表 4–2 的数据计算得出。

3. 政策因素，国内食物政策引发供给与需求错配

在资源条件有限下，大部分国家往往采取“有保有放”策略，重点保障口粮供应安全。作为居民主要口粮的稻米和小麦，我国通过最低收购价以及进口配额限制等政策予以充分保护，围绕“口粮绝对”安全目标，我国稻谷和小麦连年产需有余，库存高企，保持高自给率。2021 年我国稻米、小麦期末库存高达 1.02 亿吨和 1.43 亿吨，均几乎相当于一年的消费量，库存消费比分别高达 68.2% 和 104.7%，远高于 18% 的国际粮食安全警戒线[①]。随着经济增长和城镇化发展，城乡

① 数据来源于《OECD–FAO 农业展望报告 2021—2030》。

居民的食物消费结构不断升级，口粮消费不断下降，肉蛋奶糖水产品等农副产品消费需求日益增加，但是在过去“以粮为纲”旧观念下，我国形成以粮食产量为核心，甚至是片面追求粮食增产的导向，农业生产结构调整滞后于食物消费结构转变，导致部分品种产需缺口越来越来越大。以小麦为例，我国生产多为普通小麦，高品质强筋和弱筋小麦产量（350万~450万吨）无法满足市场需求（600万~800万吨），导致优质小麦进口量逐年增长。近年来，国家采取各种措施大力支持草食畜牧业发展，但是我国养殖肉用牛严重不足，国内牛肉供给主要来源于役用黄牛、淘汰的奶牛和多元杂交牛等，不具备生产中、高档牛肉的基本条件。我国水果生产主要为苹果、柑橘、梨、葡萄和香蕉，五大水果产量占水果总量的50%左右，水果品种较为单一，高附加值的优质水果如榴梿和樱桃等生产不能满足国内需求。

三、未来我国食物供应保障路径与政策建议

从中长期看，我国即将迈过高收入国家门槛，消费结构升级将加速，而水土资源和环境约束趋紧，未来我国食物消费需求增长将显著高于国内生产增长，饲料粮、肉蛋奶等食物产需缺口仍将继续扩大，到2030年我国玉米、大豆、牛肉、羊肉和奶类的产需缺口将分别达到5515万吨、12862万吨、351万吨、570万吨和2548万吨，对外依存度将提高至16.6%、87.4%、32.2%、30.2%、11.4%和40.3%，分别比

2021年提高9个百分点、2个百分点、7个百分点、4个百分点和33个百分点。为保障人口峰值和食物消费结构升级后的食物需求总量，预计需要43亿亩的土地种植面积，与2021年相比缺口约18亿亩。因此，利用国际市场和国外资源保障部分食物供给既是客观现实也是必然趋势。但是我国人口总数超过14亿，食物需求量巨大，而国际食物贸易量有限。比如，2021年我国稻米年消费量1.49亿吨，而国际出口量仅4936万吨[①]。因此，一些大宗食物供给高度依赖国际市场既不现实也不安全，不仅国际市场难以承受，也会给低收入国家的食物安全带来不利影响。保障国内食物供应需要采取立足国内为主、国外为辅，更加积极地利用国际农产品市场和农业资源有效调剂和补充国内食物供给，更好地满足人民群众对美好生活的需求。

（一）立足国内供应，提高食物安全保障能力

一是提高农业综合生产能力。落实“藏粮于地”战略，严守18亿亩耕地红线，坚持农田农用，坚决遏制耕地“非农化”，继续面向粮食生产功能区和重要农产品生产保护区，实施高标准农田建设工程，强化后期监管维护。贯彻“藏粮于技”战略，加强质量导向型科技攻关，培养和推广品质佳、营养丰的新品种，开展专用优质粮食作物、特色经济作物良种联合攻关，加强特色畜禽水产良种种质资源保护开发利用

① 数据来源于美国农业部。

力度，全面实施遗传改良计划，提升自主育种能力。

二是调整优化农业生产结构。准确把握城镇化背景下居民食物消费结构变化，跳出以粮为纲的观念，统筹抓好重要农副产品生产，优化种植结构兼顾好稻谷小麦等口粮与玉米大豆等支撑的肉、蛋、奶的消费替代和营养需求，提高供给体系的适配性。

三是强化重要农产品生产的激励政策。加快构建辅之以利、辅之以义的保障机制，完善农产品价格形成机制和农业支持保护政策，强化粮食主产区利益补偿机制，让农民种粮有利可图，让主产区抓粮有积极性。严格落实粮食安全党政同责，压实地方党委、政府主体责任。

（二）开源节流，统筹保障国内食物需求

一是深挖食物增长潜力。在保护生态环境的基础上，科学开发利用后备耕地资源，实行盐碱地、干旱区土地改造工程，拓展食物生产资源边界。比如，我国低产耕地约3.2亿亩，其亩均粮食产量低于200千克，改造培育提升后亩均产量可达到300千克，可增加粮食产能0.32亿吨；可开发的后备耕地资源3.4亿亩，按低地亩产计算，可增加粮食产能0.68亿吨，两者合计约1.0亿吨，能够弥补我国粮食产需缺口。

二是拓宽食物生产空间。过去食物的生产来源主要是耕地，现在要从耕地资源向整个国土资源拓展，从传统农作物和畜禽资源向更丰富的生物资源扩展，向森林、草原、江河湖海要食物，向植物动物微生物要热量、要蛋白，多途径开

发食物来源，增强食物系统韧性，筑牢食物安全基础。

三是加强食物节约减损。食物节约减损既可有效减轻供给压力，也可减少资源消耗。据测算，我国每年损失浪费的食物约 9000 亿斤，约是 4 亿人一年的食物量。要树立节约减损就是增产的理念，推进全链条节约减损，建立健全常态化、长效化工作机制，强化全民节约意识，形成全社会爱惜食物的良好风尚。

（三）适度进口，把握好农产品进口规模节奏

随着人口增加、城镇化推进和人民生活水平的提高，对食物数量、品质提出了更高要求，全部依靠国内资源，地不够，水不足，生态环境也承载不了，需要通过国际市场调配资源，弥补部分国内食物供求缺口。适度进口是国家粮食安全战略的重要组成部分。在提高国内食物自给保障能力的同时，要充分用好两个市场、两种资源，保障食物供需动态平衡。一是健全农产品进口管理机制，明确不同农产品进口的规模和优先序。完善农产品关税配额和国有贸易管理，建立健全进口监测体系。加强农产品进口检验检疫，严厉打击走私行为。二是科学有序释放农产品进口需求。我国农产品需求巨大，主要粮食品种进口量达百万吨甚至千万吨，短期内大规模进口易引发国际农产品市场剧烈波动，不仅会遭受国际社会谴责，还会抬升我国进口成本。据测算，全球农产品生产潜力巨大，玉米、大豆、植物油和肉类供应量还可以分别增加 52126 万吨、47339 万吨、7615 万吨和 3962 万吨。应

适当有序扩大国外优质农产品进口规模，推动主要出口国不断释放其农产品生产潜力。三是实行多元化农产品进口策略，尤其是开拓大豆及其替代品进口来源，分散和对冲大豆贸易风险，防止受制于人。

（四）降成本、提效益，提高我国农产品国际竞争力

一是发展适度规模经营，降低劳动力成本。综合考虑各地区自然资源禀赋特征，坚持因地制宜发展多种形式适度规模经营。规范引导农村土地经营权有序流转，建立健全土地流转管理制度，加强土地流转服务。积极培育农民专业合作社、社会化服务组织、家庭农场、龙头企业等新型农业经营主体，发挥规模主体引领带动作用，通过产销订单、土地托管、土地流转、资产入股、土地经营权入股等方式，不断完善新型农业经营主体与农户的利益联结机制，积极服务和带动当地小农户。

二是大力推广生产托管服务，通过服务主体统一采购生产资料、开展机械化作业、进行标准化生产，有效促进农业节本增效和农民增产增收。据农业农村部抽样调查，通过生产托管服务，稻谷、小麦和玉米三大主粮亩均纯收益分别提高 23%、27% 和 20%。

三是减少化肥农药不合理使用，降低投入成本。自 2015 年实施农药化肥使用量零增长行动以来，我国化肥农药使用量明显减少。2021 年我国农药、化肥使用量分别较 2015 年减少 16.8% 和 13.8%，但仍远高于世界平均水平。

建议集成推广生态调控、生物防治等绿色防控措施，减少农药使用量。以粮食主产区、重要农产品生产保护为重点，综合运用经济、行政等手段，提高有机肥资源还田和测土配方施肥覆盖率，减少化肥使用量。

参考文献

[1]蔡海龙，2022.我国粮食安全的新趋势、新内涵及新格局[J].人民论坛(19): 60-63.

[2]曹晓风，孙波，等，2021.我国边际土地产能扩增和生态效益提升的途径与研究进展[J].中国科学院院刊(3).

[3]程国强，2022.从粮食安全到食物安全：战略考量与政策逻辑[R].CMF中国宏观经济专题报告(第45期).

[4]黄季焜，解伟，2022.中国未来食物供需展望与政策取向[J].工程管理科技前沿(1): 17-24.

[5]李国景，陈永福，焦月，2019.中国食物自给状况与保障需求策略分析[J].农业经济问题(6): 94-103.

[6]李靖，2009.我国农业对外依存度研究[J].中国农业大学学报，14(3): 151-158.

[7]刘慕华，2019.中国食物自给率及其影响因素分析：基于营养源视角[J].财经理论与实践(3): 142-147.

[8]刘长全，2021.我国重要农产品供给安全面临的挑战与对策[J].经济纵横(5): 61-72.

[9]倪洪兴，2019.开放视角下的我国农业供给侧结构性改革[J].农业经济问题(2): 9-14.

[10]农业部农业贸易促进中心课题组，2016.粮食安全与“非必需进口”控制问题研究[J].农业经济问题(7): 53-59.

[11]叶兴庆，2016.演进轨迹、困境摆脱与转变我国农业发展方式的政策选择[J].改革(6): 22-39.

[12]叶兴庆，2020.加入WTO以来中国农业的发展态势与战略性调整[J].改革(5): 5-22.

[13]曾伟，2023.我国食物对外依存度现状与供应保障路径研究[J].新疆农垦经济(3): 1-10.

[14]朱晶，李天祥，林大燕，2018.开放进程中的中国农产品贸易：发展历程、问题挑战与政策选择[J].农业经济问题(12): 19-31.

第五章
全球粮食安全演变趋势及成因分析①

粮食安全是事关人类生存的根本性问题。当前全球进入后疫情时代，各国经济复苏乏力，俄乌冲突对全球粮食市场造成巨大冲击，严重阻碍民众获取营养食物和健康膳食。气候变化、地缘冲突和经济动荡叠加共振，脆弱群体粮食安全状况不断恶化，世界各国如期实现2030年消除饥饿的可持续发展目标任重而道远。本章分析了当前全球粮食安全状况及其驱动因素，深入剖析了全球粮食供求形势及其成因，以期为世界各国实现“零饥饿”目标提供理论支撑。

一、全球粮食安全演变趋势及驱动因素

1974年，联合国粮农组织提出food security，直译为“食物安全”或“食物保障”，将其定义为“保证任何人在任何

① 本章内容刊发于《中国粮食经济》2020年第3期，并进一步作了修改完善。

时候都能得到为了生存和健康所需要的足够粮食”，但国内学者约定俗成地将其当作“粮食安全”。1996 年，联合国粮农组织对粮食安全内涵又作了重要调整，其新定义是“只有当所有人任何时候都能在物质上和经济上获得足够、安全和富有营养的食物，来满足积极和健康生活的膳食需要及食物喜好时，才实现了粮食安全”。相对 1974 年的定义而言，粮食安全的内涵不断丰富和延伸，从关注粮食数量安全到数量、质量和营养，从关注全球层面到国家、家庭和个人粮食安全。联合国粮农组织、国际农业发展基金等国际机构主要采用饥饿人口、粮食不安全人口等指标来衡量世界粮食安全状况。饥饿人口指长期营养不良人口，重度粮食不安全人口是指面临饥饿影响生命安全风险的人口，中度粮食不安全人口指面临阶段性饥饿风险的人口。

（一）世界粮食安全演变趋势

根据《2023 年世界粮食安全和营养状况》，2019 年以来，新冠疫情延宕反复，气候冲击和乌克兰战争等冲突动荡频发，全球超过 31 亿人无力负担健康膳食，24 亿人处于中度或重度粮食不安全，饥饿人口增加 1.22 亿，如果放任态势发展，世界各国将无法如期实现 2023 年消除饥饿的可持续发展目标。

1. 饥饿人口规模居高不下

2005—2017 年全球减少饥饿成效显著，饥饿人口从 7.93 亿降至 5.72 亿，下降 27.9%。但是从 2018 年开始，全球粮食安全状况开始恶化，饥饿人口大幅增加，从 2018 年的 5.87 亿增至 2022 年的 7.35 亿，增长 25.3%，世界各国在消除饥饿上的努力几乎毁于一旦（表 5-1）。2021—2022 年，虽然全球饥饿人口增加态势得到遏制，但仍远高于新冠疫情暴发前的 2019 年水平。2022 年，全球有 6.91 亿~7.83 亿人陷入饥饿，较新冠疫情暴发前的 2019 年增加了 1.22 亿。预计到 2030 年，全球饥饿人口仍将有 6 亿，疫情和乌克兰战争将造成 1.19 亿人饥饿。其中，乌克兰战争将造成约 2300 万人饥饿。

表 5-1　2005—2022 年世界及各地区饥饿人口变化趋势

单位：百万人

类别	年份	世界	非洲	亚洲	拉丁美洲及加勒比地区	大洋洲	北美洲及欧洲
饥饿人口	2005	793.4	178.2	551.9	51.9	2.3	—
	2010	597.8	159.2	392.8	36.7	2.4	—
	2015	588.9	189.6	357.8	32.9	2.5	—
	2016	586.4	204.1	336.0	38.2	2.5	—
	2017	571.8	207.9	319.3	36.6	2.5	—
	2018	586.8	215.6	325.2	37.9	2.7	—
	2019	612.8	225.1	343.9	36.0	2.8	—
	2020	701.4	254.7	396.2	42.3	2.7	—
	2021	738.9	270.6	414.1	45.6	2.9	—
	2022	735.1	281.6	401.6	43.2	3.2	—

注：数据来源于《2023 年世界粮食安全和营养状况》。

2. 粮食不安全人口急剧增加

近年来，世界粮食不安全人口数和发生率持续上升，2015—2022 年，世界中度或重度粮食不安全人口数从 16.1 亿增加至 23.6 亿，增长 46.2%；中度或重度粮食不安全发生率从 21.7% 上升至 29.6%，增加 7.9 个百分点。其中，重度粮食不安全人口数从 6.24 亿增加至 9.0 亿，增长 60.3%，重度粮食不安全发生率从 7.6% 上升至 11.3%，增加 3.7 个百分点。特别是非洲、亚洲和拉丁美洲及加勒比地区的中度或重度粮食不安全人口和发生率均大幅增加。其中非洲中度或重度粮食不安全人口从 2015 年的 5.45 亿增加至 2022 年的 8.68 亿，发生率从 45.4% 上升至 60.9%；亚洲中度或重度粮食不安全人口从 2015 年的 7.91 亿增加至 2022 年的 11.45 亿，发生率从 17.7% 上升至 24.2%（见表 5–2、表 5–3）。同时，全球居民获取健康膳食能力减弱，2021 年全球超过 31 亿人无力负担健康膳食，占比高达 42%，比 2019 年增加 1.34 亿。

3. 空间不平等现象严峻

从区域看，低收入国家地区饥饿尤为严重。近年来，亚洲和拉丁美洲在减少饥饿方面取得进展，但西亚、加勒比和非洲饥饿水平仍在攀升，非洲饥饿人口从 2005 年的 1.78 亿人增加至 2022 年的 2.82 亿人，占世界饥饿人口的比重从 22.5% 上升至 38.3%。然而，亚洲饥饿人口从 2005 年的 5.52 亿降至 4.02 亿，下降 27.2%，占世界饥饿人口的比重从 69.6% 降至 54.6%。从城乡看，农村地区粮食不安全状况尤为严峻。比如，非洲国家的农村地区 33% 成年人处于中度或重度粮食不安全状态，而

表 5-2　2015—2022 年世界及各地区中度和重度粮食不安全发生率变化趋势

单位：百万人

区域	重度粮食不安全人口数						中度或重度粮食不安全人口数					
	2015 年	2017 年	2019 年	2020 年	2021 年	2022 年	2015 年	2017 年	2019 年	2020 年	2021 年	2022 年
世界	561.5	623.8	719.8	850.7	927.3	900.1	1612.4	1817.0	1966.4	2307.2	2342.5	2356.9
非洲	206.3	252.3	268.1	305.0	331.1	341.8	544.8	650.6	695.0	761.7	834.5	868.3
亚洲	293.7	295.0	377.3	449.5	486.1	456.9	791.0	857.4	981.8	1196.8	1151.5	1144.9
拉丁美洲及加勒比地区	45.3	61.7	62.5	81.8	91.1	83.4	169.8	209.7	203.8	256.4	264.3	247.8
大洋洲	1.1	1.7	1.7	1.1	2.0	1.5	4.0	6.0	5.9	5.3	5.8	5.9
北美洲及欧洲	15.1	13.2	10.3	13.3	17.0	16.5	102.8	93.3	79.8	87.0	86.4	90.0

注：数据来源于《2023 年世界粮食安全和营养状况》。

表 5-3　2015—2022 年世界及各地区中度和重度粮食不安全发生率变化趋势

单位：%

区域	重度粮食不安全发生率						中度或重度粮食不安全发生率					
	2015年	2017年	2019年	2020年	2021年	2022年	2015年	2017年	2019年	2020年	2021年	2022年
世界	7.6	8.2	9.3	10.8	11.7	11.3	21.7	23.9	25.3	29.4	29.6	29.6
非洲	17.2	20.0	20.2	22.4	23.8	24.0	45.4	51.5	52.3	56.0	59.9	60.9
亚洲	6.6	6.5	8.1	9.6	10.4	9.7	17.7	18.9	21.2	25.7	24.5	24.2
拉丁美洲及加勒比地区	7.3	9.7	9.7	12.5	13.9	12.6	27.3	33.0	31.5	39.3	40.3	37.5
大洋洲	2.6	4.1	3.8	2.6	4.5	3.4	10.0	14.4	13.6	12.1	13.0	13.0
北美洲及欧洲	1.4	1.2	0.9	1.2	1.5	1.5	9.3	8.4	7.1	7.8	7.7	8.0

注：数据来源于《2023 年世界粮食安全和营养状况》。

城市地区则为 26%。从性别看，全球有 27.8% 的成年女性面临中度或重度粮食不安全，而男性则为 25.4%[①]。

（二）多种因素影响全球粮食安全

世界粮食安全形势恶化是武装冲突、极端天气、经济衰退以及新冠疫情等多种因素综合驱动的结果，与日趋突出的收入和性别严重不平等叠加共振，这些因素在不同的国家和地区表现各异，但都通过粮食等食物的供应、获取、利用、稳定性、能动性、可持续性 6 个维度产生影响，具有相互关联的复杂性。见图 5–1。

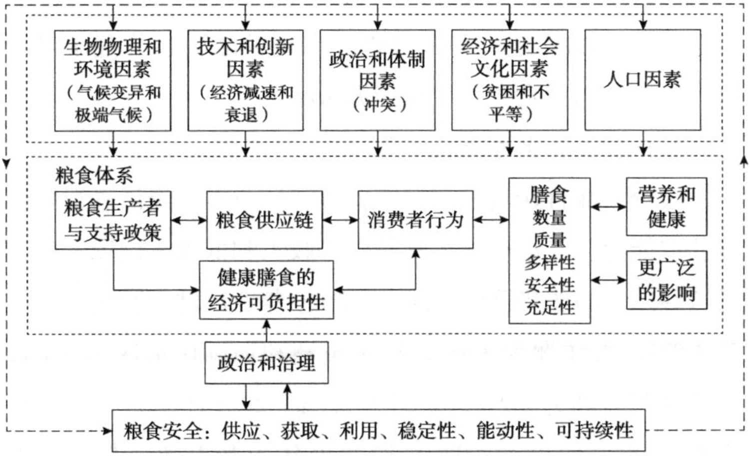

图 5–1　世界粮食安全和营养的影响因素及其传导机制

注：来源于《2023 年世界粮食安全和营养状况》。

---

① 数据来源于《2023 年世界粮食安全和营养状况》。

1. 全球粮食支持力度极不平衡

2003—2018 年，全球每年通过价格激励和财政支持（对生产者、消费者补贴和一般性服务），对粮食和农业支持资金每年约 6300 亿美元，相当于全球产值的 13%。其中，高收入国家支持总额占产值的比重为 30.6%，中等偏上收入国家为 18.9%，而中等偏下收入国家为 1.6%，低收入国家为 –6.0%。

2. 全球粮食供应链非常脆弱

武装冲突、地缘政治、社会体制等传导影响国际粮食贸易体系，部分国家经常实施粮食等食物出口限制措施，加上低收入国家普遍存在交通运输领域效率低下的瓶颈，影响健康膳食供应的稳定性和可及性。乌克兰战争也扰乱了供应链，影响全球粮食、化肥和能源价格。

3. 粮食获取能力两极分化

粮价上涨直接增加了健康膳食获取成本，经济衰退降低了获取能力，受影响最大的是中等收入和低收入国家，特别是这些国家的弱势群体。2019—2020 年亚洲健康膳食成本上升 4.0%，大洋洲为 3.6%，拉丁美洲和加勒比地区为 3.4%，北美洲和欧洲为 3.2%，非洲为 2.5%。2021 年全球健康膳食成本较 2020 年上升 4.3%，较 2020 年上升 4.3%，较新冠疫情暴发前的 2019 年上升 6.7%。几乎所有低收入和中等收入国家经济衰退严重程度是过去 20 年里有记录的 2 倍，叠加其他因素造成非洲、亚洲等饥饿发生率升幅最大。

4. 健康膳食供应不足

城镇化助推了深加工和快餐食品的普及和消费，高脂、高糖或高盐的高能食品需求增加。无论贫富，城市人口更多食用深加工和方便食品，并更多外出就餐。由于缺乏资源、设备或时间，全球城市和城郊地区约有 25 亿人每天食用街头食品，这类食品并不能促进健康膳食。此外，超市和大型综合超市迅猛发展，供应着大量廉价深加工和高能食品。但是，全世界大部分地区的果蔬供应不足，难以满足健康膳食需求。

二、全球粮食供求形势及成因分析

（一）全球粮食总体供求形势分析

1. 总体保持供大于求局面，个别年份产不足需

2000/2001 至 2022/2023 年度，世界粮食产量和消费量分别从 17.49 亿吨和 17.58 亿吨增至 28.24 亿吨和 28.31 亿吨，年均增长率分别为 2.20% 和 2.19%，产量增幅高于消费增幅。2002/2003 和 2003/2004 年度，由于世界粮食主产国减产，导致产需缺口均在 7000 万吨左右。2007 年世界粮食危机发生后，各国政府更加重视粮食生产，全球粮食供需逐步呈宽松态势，年度结余保持较高水平，2013/2014 年度、2014/2015 年度和 2016/2017 年度结余均保持在 1 亿吨以上。但是近 4 年来，全球粮食产需趋紧，大部分年份产不足需，产需缺口 500 万吨左右。见图 5–2。

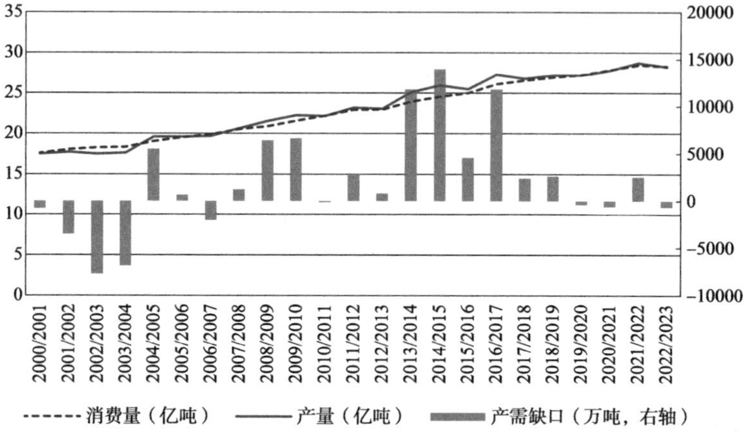

图 5–2 粮食产量和消费及产需结余情况

数据来源于：美国农业部 FAS 数据库。

2. 粮食供求区域不平衡，两极分化严重

从产需看，北美洲、南美洲和苏联 12 国粮食产大于需，且结余量逐年增加，分别从 2000/2001 年度的 10966 万吨、3615 万吨、–53 万吨扩大到 2022/2023 年度的 10698 万吨、16450 万吨和 9380 万吨；北部非洲、撒哈拉以南非洲、东南亚和欧盟 28 国产不足需，且缺口呈扩大态势，分别从 2000/2001 年度的 2794 万吨、1641 万吨、920 万吨和 1007 万吨扩大至 4604 万吨、3942 万吨、3765 万吨和 1462 万吨。从自给率看，北美洲、南美洲、南亚和苏联 12 国粮食自给率较高，基本保持在 100% 及以上；北部非洲粮食自我保障能力较弱，粮食自给率全球最低，且不断下降，从 2000/2001 年度的 40.7% 下降到 2022/2023 年度的 38.2%；欧盟 28 国、东南亚粮食自给率有所下降，但降幅不大。详见表 5–4。

表 5–4　主要区域粮食产需结余情况及粮食自给率

单位：万吨

区域	2000/2001年度		2009/2010年度		2018/2019年度		2022/2023年度	
	产需结余	自给率	产需结余	自给率	产需结余	自给率	产需结余	自给率
北美洲	10966	132.1%	12728	129.7%	13475	127.25	10698	121.7%
南美洲	3615	127.2%	7469	139.3%	14773	159.7%	16450	164.7%
苏联 12 国	–53	99%	4009	142.3%	8114	177.2%	9380	185.4%
南亚	1865	108.3%	564	102.1%	499	101.4%	187	100.5%
欧盟 28 国	–1007	94.9%	–161	99.2%	–2715	88.3%	–1462	92.9%
东南亚	–920	92.5%	–1179	92.1%	–3439	81.8%	–3765	80.0%
北部非洲	–2794	40.7%	–3228	49.3%	–4872	38.8%	–4604	38.2%
撒哈拉以南非洲	–1641	74.3%	–2098	77.4%	–2386	72.7%	–3942	75.6%

数据来源于：美国农业部 FAS 数据库。

3. 南美洲、苏联 12 国粮食产量增长迅猛，撒哈拉以南非洲单产偏低

从总产看，2000/2001 和 2022/2023 年度，南美洲和苏联 12 国粮食产量增长较快，分别从 16906 万吨和 7174 万吨增至 41881 万吨和 20366 万吨，年均增幅高达 4.21% 和 4.86%；撒哈拉以南非洲的粮食产量也增长较快，从 4744 万吨增至 12198 万吨，年均增幅达 4.39%。从单产看，2022/2023 年度，全球四大粮食品种的平均单位面积产量为 4.00 吨 / 公顷；欧盟 28 国、北美洲和南美洲粮食单产水平较高，均高于全球平均，分别为

5.01 吨 / 公顷、6.12 吨 / 公顷和 4.44 吨 / 公顷；南亚、东南亚和撒哈拉以南非洲粮食单产水平偏低，分别为 3.10 吨 / 公顷、2.57 吨 / 公顷和 2.24 吨 / 公顷，其中，撒哈拉以南非洲粮食单产水平全球最低，比全球最高水平的北美洲低 3.88 吨 / 公顷，农业生产技术水平低、农业基础设施落后是主因。见表 5–5。

表 5–5　主要区域粮食总产和单产增长情况

区域	总产（万吨）			单产（吨 / 公顷）		
	2000/2001 年度	2022/2023 年度	年均增长	2000/2001 年度	2022/2023 年度	年均增长
北美洲	45132	60041	1.31%	4.41	6.12	1.50%
南美洲	16906	41881	4.21%	2.88	4.44	1.99%
苏联 12 国	7174	20366	4.86%	1.62	3.95	4.13%
欧盟 28 国	18748	19026	0.07%	5.08	5.01	–0.06%
南亚	24219	38831	2.17%	2.12	3.10	1.74%
东南亚	11401	15089	1.28%	2.22	2.57	0.67%
北部非洲	1921	2851	1.81%	2.59	5.31	3.32%
撒哈拉以南非洲	4744	12198	4.39%	1.37	2.24	2.26%

数据来源于：美国农业部 FAS 数据库。

4. 撒哈拉以南非洲粮食消费增长较快，但人均消费[①]偏低

从总消费看，2000/2001 和 2022/2023 年度，撒哈拉以南

① 人均粮食消费是指粮食食用消费、工业消费、饲料消费、种用消费等的加总除以区域总人口。

非洲和南美洲粮食消费增长较快，从 6385 万吨和 13292 万吨增至 16140 万吨和 25431 万吨，年均增幅高达 4.31% 和 2.99%；欧盟 28 国粮食消费量增长缓慢，年均增幅仅为 0.17%。从人均消费看，2022/2023 年度，世界人均粮食消费 356.0 公斤 / 人，北美洲、欧盟 28 国和南美洲人均粮食消费较高，均高于世界平均水平，分别达到 1093.6 公斤 / 人、404.6 公斤 / 人、381.5 公斤 / 人；东南亚、南亚和撒哈拉以南非洲人均粮食消费偏低，分别为 234.7 公斤 / 人、160.7 公斤 / 人和 96 公斤 / 人，均低于世界平均水平。其中，撒哈拉以南非洲由于人口增长较快，粮食生产水平低，其人均粮食消费仅为世界平均水平的 27.8%，是美国人均消费的 9.1%，是世界粮食问题最严重的地区。见表 5–6。

表 5–6　主要区域粮食消费总量和人均消费增长情况

区域	总消费量（万吨）			人均消费量（公斤 / 人）		
	2000/2001 年度	2022/2023 年度	年均增长	2000/2001 年度	2022/2023 年度	年均增长
北美洲	34166	49343	2.08%	1093.6	1093.6	1.21%
南美洲	13292	25431	3.51%	381.5	381.5	2.39%
苏联 12 国	7227	10986	2.10%	258.35	258.35	1.88%
欧盟 28 国	19755	20488	0.92%	404.65	404.65	0.64%
南亚	22354	38643	2.41%	160.7	160.7	0.91%
东南亚	12321	18854	2.41%	234.7	234.7	1.16%
北部非洲	4715	7454	2.95%	265.6	265.6	1.30%

续表

区域	总消费量（万吨）			人均消费量（公斤/人）		
	2000/2001年度	2022/2023年度	年均增长	2000/2001年度	2022/2023年度	年均增长
撒哈拉以南非洲	6385	16140	4.58%	96	96	1.81%

数据来源于：美国农业部FAS数据库。

5. 贸易总量“爆炸式”增长，非洲和亚洲是主要进口区域

从进出口看，2000/2001 至 2022/2023 年度，世界四大主粮进口总量从 2.50 亿吨增至 6.05 亿吨，年均增幅高达 4.18%；出口总量从 2.56 亿吨增至 5.46 亿吨，年均增幅高达 4.01%。2022/2023 年度玉米、小麦、稻谷和大豆的出口量分别达到 1.78 亿吨、2.19 亿吨、0.55 亿吨和 1.69 亿吨，分别比 2000/2001 年度增加 1.02 亿吨、1.18 亿吨、0.31 亿吨和 1.15 亿吨。从贸易流向看，北美洲、南美洲和苏联 12 国是世界粮食净出口地区，2022/2023 年度净出口量分别为 11069 亿吨、15905 亿吨和 9888 万吨，分别较 2000/2001 年度增加 –11903 万吨、12505 吨和 9939 万吨；北部非洲、撒哈拉以南非洲、东南亚和欧盟 28 国是世界粮食净进口地区，2022/2023 年度净进口量分别为 4529 万吨、3678 万吨、3467 万吨和 1415 万吨，分别较 2000/2001 年度增加 1829 万吨、2178 万吨、2567 万吨和 415 万吨。

（二）分品种供求形势分析

1. 玉米产需余缺波动频繁，出口来源地集中在美洲

2000/2001 至 2022/2023 年度，世界玉米产量和消费量从 5.92 亿吨和 6.09 亿吨增至 11.52 亿吨和 11.60 亿吨（见图 5–3），年均增幅分别为 3.08% 和 2.97%。世界玉米当年产量需求比在 96.3%～108.5%，波动频繁，有 11 年当年产需有余，最多结余达 8294 万吨；有 12 年当年产不足需，最大缺口为 2351 万吨。世界玉米出口和进口市场集中度比较高，2022/2023 年度，排名前 5 位的巴西、美国、乌克兰、阿根廷、俄罗斯的玉米出口量达到 1.53 亿吨，占世界玉米出口总量的 86.0%。其中，美国、巴西和乌克兰出口量分别为 5600 万吨、4128 万吨和 2800 万吨，分别占世界玉米出口总量的 31.5%、23.3% 和 15.8%。

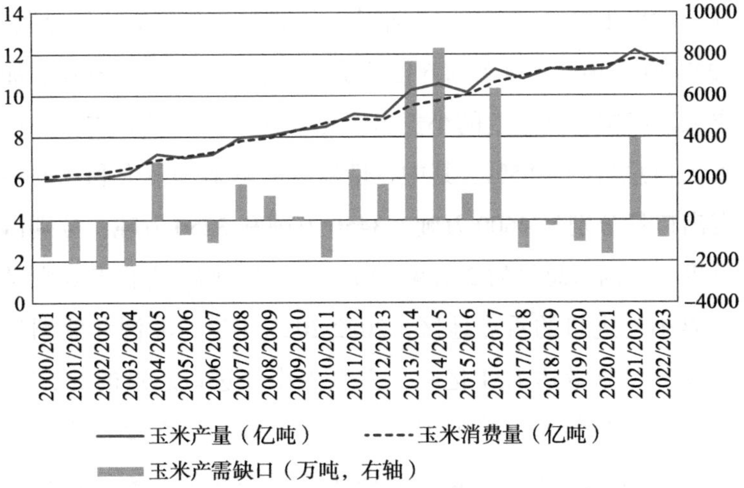

图 5–3　世界玉米产量和消费及产需结余情况

欧盟、墨西哥和亚洲是玉米的重点进口地区。2022/2023 年度，排名前 6 位的欧盟、中国、墨西哥、日本、韩国和越南的玉米进口总量为 9612 万吨，占世界玉米进口总量的 55.3%。其中，欧盟、中国和墨西哥的玉米进口量分别为 2450 万吨、1800 万吨和 1720 万吨，分别占世界玉米进口总量的 14.1%、10.4% 和 9.9%。

2. 小麦多数年份产大于需，出口来源地主要集中在北美洲、欧盟和俄罗斯

2000/2001 至 2022/2023 年度，世界小麦产量和消费量分别从 5.83 亿吨和 5.84 亿吨增至 7.90 亿吨和 7.87 亿吨，年均增幅分别为 1.39% 和 0.36%（见图 5–4）。世界小麦当年产需比在 94.7%～107.5%，有 11 年当年产不足需，最大缺口为 3212 万吨；有 12 年当年产需有结余，最多结余为 4798 万吨。世界小麦出口市场高度集中，而进口市场相对比较分散。2022/2023 年度，排名前 6 位的俄罗斯、欧盟、澳大利亚、加拿大、美国和乌克兰的小麦出口总量为 1.76 亿吨，占世界小麦出口总量的 80.5%。其中，俄罗斯、欧盟和澳大利亚的小麦出口量分别为 4600 万吨、3450 万吨和 3250 万吨，分别占世界小麦出口总量的 21.1%、15.8% 和 14.9%。非洲和亚洲是世界小麦进口的重点地区，2022/2023 年度，非洲和亚洲的小麦进口总量达 1.31 亿吨，占世界小麦进口总量的 62.3%。其中，排名前 5 位的中国、欧盟、土耳其、埃及和印度尼西亚的小麦进口量总量为 5785 万吨，占世界小麦进口总量的 27.4%。

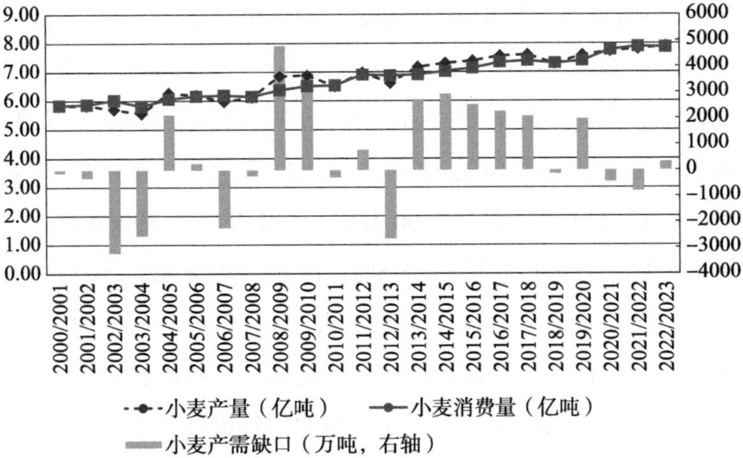

图 5–4　世界小麦产量和消费及产需结余情况

3. 稻谷供求紧平衡，出口来源地主要集中在亚洲。

2000/2001 至 2022/2023 年度，世界稻谷产量和消费量从 3.99 亿吨和 3.94 亿吨增至 5.13 亿吨和 5.21 亿吨，年均增幅分别为 1.14% 和 1.28%（见图 5–5）。世界稻谷当年产需比在 94.7% ~ 104.2%，仅 6 年存在产需缺口。近 2 年来世界稻谷连续出现产不足需，但缺口相对较少，2021/2022 年度和 2022/2023 年度产需缺口分别为 240 万吨和 768 万吨。世界稻谷生产存在明显的地域特点，主要集中在亚洲地区，2022/2023 年度亚洲稻谷产量达到 4.59 亿吨，占世界稻谷总产量的 89.6%。其中，排名前 6 位的中国、印度、孟加拉国、印度尼西亚、越南和泰国的总产量为 3.99 亿吨，占世界稻谷总产量的 77.9%。

相比玉米、小麦和大豆，世界稻谷贸易量较小，出口量

5000 万吨左右，且出口国高度集中。2022/2023 年度，世界稻谷出口总量 5456 万吨，排名 8 位的印度、泰国、越南、巴基斯坦、美国、缅甸、柬埔寨和中国的出口总量为 4852 万吨，占世界稻谷出口总量的 88.9%。其中，印度、越南和巴基斯坦的稻谷出口量分别为 2100 万吨、850 万吨和 790 万吨，分别占世界稻谷出口总量的 38.5%、15.6% 和 14.5%。稻谷进口国（地区）较为分散，2022/2023 年度，排名前 10 位的中国、菲律宾、伊拉克、尼日利亚、印度尼西亚、越南、科特迪瓦、沙特阿拉伯、塞内加尔和孟加拉国的稻谷进口总量为 2346 万吨，占世界稻谷进口总量的 43.8%。其中，中国、菲律宾和伊拉克的稻谷进口量分别为 438 万吨、375 万吨和 250 万吨，分别占世界稻谷进口总量的 8.2%、7.0% 和 4.7%。

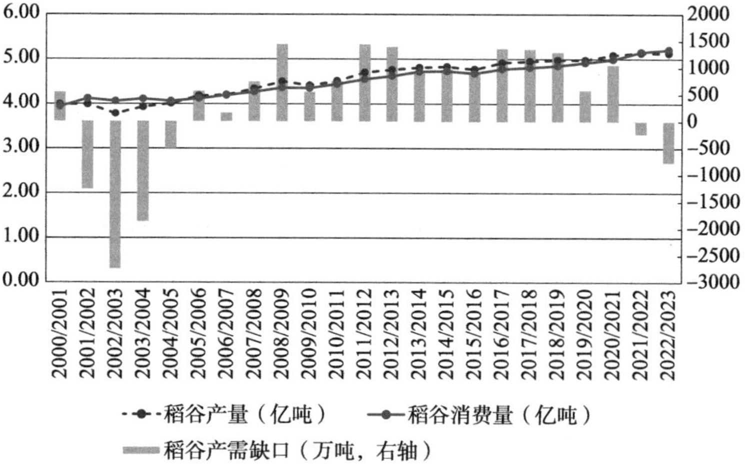

图 5–5　世界稻谷产量和消费及产需结余情况

4. 大豆供求波动幅度较大，出口来源地主要集中在美洲。

2000/2001 至 2022/2023 年度，世界大豆产量和消费量从 1.75 亿吨和 1.71 亿吨增至 3.70 亿吨和 3.63 亿吨（见图 5–6），年均增幅分别高达 4.44% 和 3.48%；世界大豆当年产需比在 93.0%～109.1%，仅 7 年存在产需缺口，最大缺口为 1883 万吨；大豆出口和进口市场均高度集中，2022/2023 年度，世界大豆出口排名前 5 位的巴西、美国、巴拉圭、加拿大和阿根廷的大豆出口总量达 1.62 亿吨，占世界大豆出口总量的 95.8%。其中，巴西和美国的大豆出口量分别为 9400 万吨和 5389 万吨，分别占世界大豆出口总量的 55.6% 和 31.9%。2022/2023 年度，世界大豆进口排名前 5 位的中国、欧盟、阿根廷、墨西哥和泰国的大豆进口总量为 1.33 亿吨，占世界大豆进口总量的 80.0%。其中，中国进口总量高达 1.0 亿吨，占世界大豆进口总量的 60.1%。

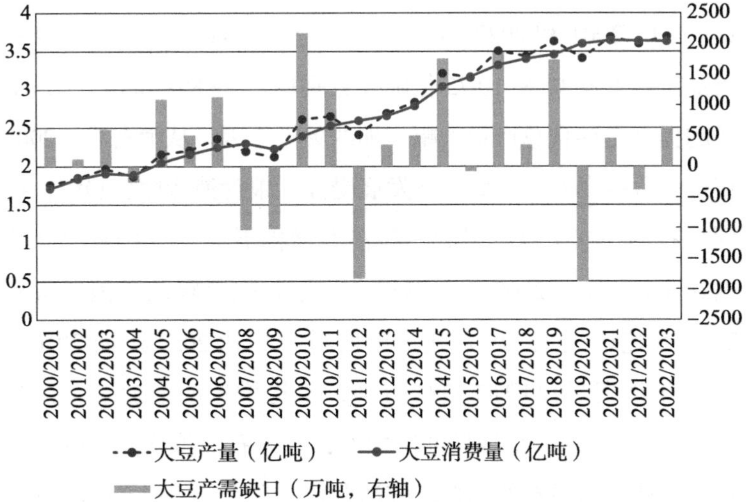

图 5–6　世界大豆产量和消费及产需结余情况

（三）全球粮食供求形势成因分析

科技、播种面积、农业基础设施、种粮效益、气候变化和农业政策是影响世界粮食生产的主要因素，人口、消费习惯、价格、收入水平、生物质能源和工业发展是影响世界粮食消费的主要因素。粮食是土地密集型产品，农业资源禀赋条件对粮食生产具有决定性影响，美国、巴西、俄罗斯等世界主要粮食生产国和出口国均是农业资源禀赋较好的国家。

1. 科技进步和消费增长缓慢是近年来全球粮食供求相对宽松的主因

从生产看，近年来，粮食科技发展迅猛，单产水平不断提高，发展中国家通过提高复种指数、缩短休耕期、增加种植密度，以及加大耕作的生产要素投入等方式推动粮食生产不断迈上新台阶，而发达国家通过科技手段不断稳固现有粮食产量。2000/2001 和 2022/2023 年度，全球播种面积和产量分别增加 1.44 亿公顷和 10.75 亿吨，分别增长 24.8% 和 61.5%，单产的提升是粮食总产量大幅增加的关键原因。从消费看，2008 年金融危机爆发，全球经济发展受挫，粮食消费增长趋缓，特别是石油价格下跌，燃料乙醇消费增幅下降，OECD–FAO 数据显示，2001—2009 年，以粮食为原料的燃料乙醇消费量从 2991 万吨增至 13295 万吨，年均增幅高达 20.5%；而 2010—2018 年消费量仅增加 3385 万吨，年均增速明显放缓，仅为 2.15%。近年来，受俄乌冲突影响，全球石油价格高位剧烈波动，以粮食为原料的燃料乙醇消费量略有上升，但受经济复苏缓慢拖累，国际粮食消费量增速仍较缓慢。

2. 资源禀赋和科技是粮食区域供求不平衡的主因

南美洲、北美洲和苏联 12 国是全球粮食主要出口地区，产需结余量大，粮食自给率均超过 100%，这些区域粮食资源禀赋条件极好，人均耕地面积大，大农场式集约规模化经营，农业机械化水平高，农业土地产出率和劳动生产率普遍较高。阿根廷的大豆和玉米转基因应用率均接近 100%，美国大豆和玉米平均应用率达到 93%，巴西大豆应用率达到 93%，加拿大玉米应用率达到 92.5%[①]，生物育种技术的应用带来这些国家粮食作物的高单产。2018/2019 年度美国、加拿大、阿根廷的玉米单产为 11.07 吨 / 公顷、8.36 吨 / 公顷和 9.7 吨 / 公顷，分别比全球平均水平高 5.21 吨 / 公顷、2.50 吨 / 公顷、3.84 吨 / 公顷；大豆单产为 3.40 吨 / 公顷、3.26 吨 / 公顷、3.33 吨 / 公顷，分别比全球平均水平高 0.54 吨 / 公顷、0.40 吨 / 公顷和 0.47 吨 / 公顷。虽然苏联 12 国单产水平相对较低，但农业劳动生产率高、潜在耕地面积多，2018/2019 年度粮食播种面积较 2001 年增加 1758 万公顷，增长 39.7%。非洲粮食产需缺口大，粮食自给率低且逐年下降，主要是由于农业投入少、基础设施差、抗灾能力弱、生产技术落后，人口多且增长快，粮食产量增长远低于消费量增长。

① 数据来源：国际农业生物技术应用服务组织（The International Service for the Acquisition of Agri–biotech Applications，ISAAA）。

3. 人口增速放缓是粮食消费增速放缓的重要因素

FAO数据显示，2001—2018年，全球人口从62.22亿人增至76.31亿人，年均增幅1.14%，而1983—2000年，全球人口从47.00亿人增至61.63亿人，年均增幅1.50%。可以看出，2001—2018年人口增速明显放缓。而且，2001—2018年，全球人口增加大部分来自低收入经济体，非洲、南亚和东南亚人口分别增加4.45亿、4.12亿和1.12亿，合计9.69亿，占全球人口增加总量的68.77%。人口增速放缓，加之增加的人口主要来自发展中国家，世界粮食消费增速也相应放缓。

4. 粮食能源属性增强成为影响粮食供求的重要因素

相关研究发现，石油价格与粮食价格之间存在长期的因果关系，当石油价格超过一定水平，生物燃料的生产便有利可图，用于生产生物燃料的粮食需求将会猛增，形成“人车争粮”的局面。OECD–FAO数据显示，2001—2018年，全球以粮食为原料的燃料乙醇消费量从2991万吨增加至19455万吨，增加16364万吨。美国玉米约40%被“烧掉”，玉米燃料乙醇产量从2001年的1908万吨增至2018年的14905万吨，年均增幅高达12.1%。

受资源禀赋约束和粮食消费增长的影响，我国粮食供求将长期处于紧平衡状态，需进口大量粮食来弥补国内缺口。在中美贸易摩擦不断、国际贸易保护主义抬头背景下，我国要加强与“一带一路”沿线国家合作，尤其是与粮食资源丰富的南美洲、苏联12国等区域（国家）深入开展贸易、投资合作，拓宽和稳定我国粮食进口渠道，更好地保障我国粮食安全。同时，输出我国的种子、技术、设备以及资本等要素，帮助非洲、中亚等农业基础薄弱、技术落后的国家发展粮食产业，切实提高其粮食安全保障能力，履行大国责任。

参考文献

[1]联合国粮农组织，2021.2021年世界粮食安全和营养状况[R].2021-07-06.

[2]联合国粮农组织，2022.2022年世界粮食安全和营养状况[R].2022-07-06.

[3]联合国粮农组织，2023.2023年世界粮食安全和营养状况[R].2023-07-12.

[4]吕捷，王雨濛，2019.当前国际粮食经济形势与中国粮食安全[J].中共中央党校（国家行政学院）学报，23（4）：131-136.

[5]颜波，陈玉中，姜明伦，曾伟，2020.全球粮食供求形势分析[J].中国粮食经济（3）：68-73.

[6]颜波，陈玉中，姜明伦，曾伟，2021.当前全球粮食安全形势与保障国内粮食供给和市场稳定的政策建议[J].中国粮食经济（5）：44-47.

第六章

国际粮食市场波动特征、规律与应对策略[①]

我国是世界粮食进口大国，国际粮食价格对国内粮食市场和粮食安全产生重要影响。本章基于长周期视角，分析了 1964—2022 年间国际粮食价格大幅上涨的特征和驱动因素。自 20 世纪 60 年代以来，国际粮食价格大涨共发生六次，分别发生于 1972—1974 年、1977—1981 年、1994—1996 年、2006—2008 年、2010—2012 年和 2020—2022 年，每次持续时间最短 20 个月，最长超过 44 个月。本章通过总结这六次国际粮食价格大幅波动特征，探究国际粮食价格波动规律及内在机理，对于防范化解国际粮食价格波动对国内粮食市场输入性、传导性风险，促进国内粮食市场稳定安全供给和市场平稳运行具有重要理论意义和实践价值。

① 本章内容刊发于《经济学家》2023 年第 3 期，并进一步作了修改完善。

一、引言

粮食安全和粮食价格稳定对国家安全、经济平稳运行至关重要。作为世界人口大国，我国一直把保障国家粮食安全作为“国之大者”和头等大事。目前我国粮食安全形势处于历史最好时期，粮食生产连年丰收，粮食产量持续保持在1.3万亿斤以上，2022年人均粮食产量达483.5公斤，远超国际公认的400公斤的国际粮食安全标准线①。与此同时，我国粮食进口量也快速增长，对外依赖程度明显提高。2000—2021年，我国谷物净进口量从–1065万吨增至6276万吨，对外依存度从–2.6%升至9.0%；大豆进口量从1042万吨增至9652万吨，对外依存度从39.8%升至85.4%②。随着我国迈入高收入国家行列以及食物消费结构转型升级，国内粮食产需缺口将会持续扩大，对国际粮食市场的依赖程度将更高。在国内外粮食市场的联动性进一步增强的背景下，国际粮食市场的大幅波动必然会冲击国内粮食市场和国家粮食安全，需要引起高度关注。

已有研究表明，不同时期国际粮食价格波动持续时间、震荡程度存在明显差异。高帆、龚芳认为1961—2010年国际粮食价格经历了极其平稳、剧烈波动、相对平稳、剧烈波

---

① 数据来源于国家统计局。

② 对外依存度 = 进口量 /（净进口量 + 产量）。其中，进口量和出口量数据来源于海关总署，产量来自国家统计局。

动的六个周期性变化；张秀青认为2020年以来国际粮食市场价格呈现价格创历史新高、“慢涨快跌”和金融化趋向更加显著的特征。关于国际粮食价格波动的驱动因素，主要包括政策因素和供应链因素等，其中政策因素主要包括货币政策、贸易政策和农业政策的调整，供应链因素主要包括进出口、物流运输、供给和需求等。李先德、王士海认为，粮食供需矛盾、出口限制措施和投机资本是导致国际粮食价格暴涨暴跌的原因。大部分学者一直认为高水平开放下国际粮食价格波动主要通过贸易和预期对国内粮食市场产生影响，但不同品种受影响程度存在差异。刘丽和孙炜琳等认为，国际大豆、玉米和小麦价格变动1%，国内价格分别同向变动0.924%、0.632%和0.368%。李光泗等认为国际小麦和大米价格对国内影响十分有限。目前，大部分研究对国际粮食市场价格波动周期的考察较短，缺乏通过对典型价格大幅上涨的分析来解密国际粮食价格波动的规律。因此，本章通过长周期、宽视角分析国际粮食价格6次典型大幅上涨的特征和原因，剖析国际粮食价格的波动规律，在此基础上提出保障国内粮食供给和市场稳定的政策建议。

二、国际粮食价格波动特征和驱动因素

1964—2022年近60年间，国际粮食价格经历了六次典型的大幅上涨（表6-1），不同时期呈现出不同特征，波动周期和驱动因素也存在一定差异。

表 6–1 国际粮价六次典型大幅上涨特征及原因

时期	持续时间	波动幅度	原因
1972 年 2 月—1974 年 2 月	24 个月	国际谷物价格上涨 242%；大米（436%）、小麦（268%），玉米（193%），大豆（270%）	自然灾害导致粮食减产，战争引发石油价格上涨。
1977 年 9 月—1981 年 4 月	44 个月	国际谷物价格上涨 87%；大米（100%）、小麦（95%）、玉米（90%）、大豆（79%）	极端气候导致全球粮食减产，战争引发油价上涨，宽松货币政策冲击粮食市场。
1994 年 8 月—1996 年 5 月	22 个月	国际谷物价格上涨 79%；大米（52%）、小麦（80%）、玉米（113%）、大豆（40%）	农业协议导致全球粮食减产，石油上涨抬高粮价“地板”。
2006 年 9 月—2008 年 4 月	20 个月	国际谷物价格上涨 122%；大米（193%）、小麦（124%）、玉米（136%）、大豆（147%）	极端天气导致粮食减产，石油价格上涨拉动粮价，贸易保护政策限制粮食出口，宽松货币政策拉高油价和粮价。
2010 年 7 月—2012 年 8 月	26 个月	国际谷物价格上涨 73%；大米（39%）、小麦（83%）、玉米（103%）、大豆（60%）	极端天气导致粮食大面积减产，贸易保护政策限制粮食出口，宽松货币政策拉高油价和粮价。
2020 年 6 月—2022 年 5 月	24 个月	国际谷物价格上涨 90%；大米（7%）、小麦（163%）、玉米（135%）、大豆（99%）	极端天气导致全球粮食减产，贸易保护政策限制粮食出口，新冠疫情和俄乌战争阻碍粮食流通和贸易，俄乌战争拉高油价和粮价，宽松货币政策拉高油价和粮价。

注：数据来源于世界银行商品市场（Commodity Markets）数据库，笔者计算所得。

（一）第一次大幅上涨：1972 年 2 月—1974 年 2 月

世界银行商品市场数据显示：此轮国际粮食价格从 1972 年 2 月开始大幅上涨，于 1974 年 2 月达到阶段性最高点，持续了 24 个月，期间国际谷物价格指数从 25.9 点涨至 88.7 点，上涨 242%，月均上涨 5.3%。分品种看，所有粮食品种价格均发生飙涨，其中大米价格涨幅最高。以 1972 年 2 月为基期，国际大豆价格于 1973 年 6 月达到阶段性最高点，上涨 270%，月均涨幅高达 8.5%；国际小麦、大米和玉米分别于 1974 年 2 月、4 月和 10 月达到阶段性最高点，分别上涨 268%、436% 和 193%，月均涨幅分别为 5.6%、6.7% 和 3.4%[①]。

此轮国际粮食价格大幅上涨主要由自然灾害和战争引发石油价格上涨所致。这一时期，全球多次发生旱灾，粮食减产、库存骤减。美国农业部 PSD 数据显示，1972 年全球谷物产量减少 2310 万吨，1974 年减产 4557 万吨，全球谷物期末库存消费比为 10 年来最低水平（图 6-1）[②]。同时，1973 年第四次中东战争爆发，引起石油价格大涨。据世界银行商品市场数据，国际原油价格由 1972 年的 1.82 美元 / 桶急速抬升至 1974 年的 11.0 美元 / 桶，上涨 5 倍多，导致以石油为基础的农资如化肥、农药价格也飙升。1972—1974 年国际化肥价格指数从 11.9 点上涨至 70.5 点，涨幅高达 493%，显著提

① 数据来源于世界银行商品市场（Commodity Markets）数据库。

② 数据来源于美国农业部 PSD 数据库。

升了主要粮食作物的生产成本①（图 6–2）。

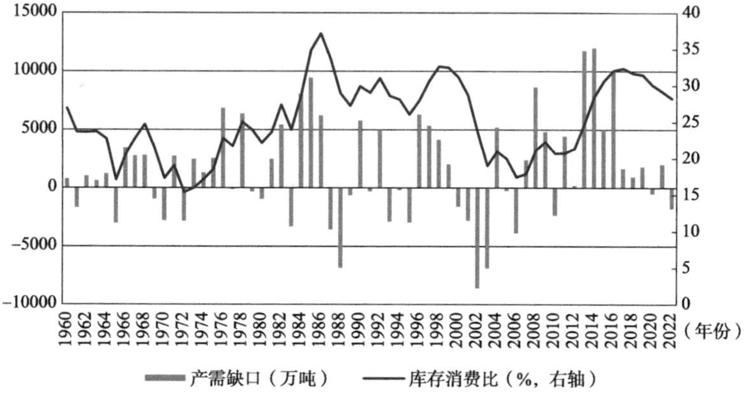

图 6–1　1960—2022 年全球谷物产需变化趋势

数据来源于：美国农业部。

（二）第二次大幅上涨：1977 年 9 月—1981 年 4 月

世界银行商品市场数据显示，此轮国际粮食价格从 1977 年 9 月开始大幅上涨，于 1981 年 4 月达到阶段性最高点，持续了 44 个月，期间国际谷物价格指数从 45.3 点涨至 84.6 点，上涨 86.8%，月均上涨 1.5%。分品种看，谷物品种间价格涨幅差异不大，大豆涨幅略低。以 1977 年 9 月为基期，国际小麦和大豆价格均于 1980 年 11 月达到阶段性最高点，分别上涨 95% 和 79%，月均涨幅分别为 1.8% 和 1.5%；国际玉米和大米价格分别于 1981 年 1 月和 6 月达到阶段性最高点，分别上涨 90% 和 100%，月均涨幅分别为 1.6% 和 1.5%。

① 数据来源于世界银行商品市场（Commodity Markets）数据库。

此轮国际粮食价格大幅上涨主要由极端天气、战争引发石油价格上涨所致。一是极端气候导致全球粮食再次减产。据美国农业部数据，1977 年、1979 年和 1980 年，全球小麦和大豆均产不需足，全球小麦产需缺口分别达到 2234 万吨、1513 万吨和 1449 万吨[①]。但是，由于库存水平较高，全球粮食并未出现实质性的供应不足（图 6–1）。二是油价上涨抬升粮食生产成本。1978 年底伊斯兰革命运动爆发，随后伊朗停止石油出口，导致原油价格由 1978 年 12.9 美元 / 桶上涨至 1980 年的 36.8 美元 / 桶，上涨 182%。在油价快速上涨的背景下，1978 年至 1981 年国际化肥价格指数上涨 45.6%（图 6–2）[②]。三是宽松货币政策冲击粮食市场。1976—1978 年美国实行较为积极的货币政策，货币供给（M2）保持高增长。美元贬值及过剩金融资本冲击粮食市场，推动粮食价格大幅上涨。

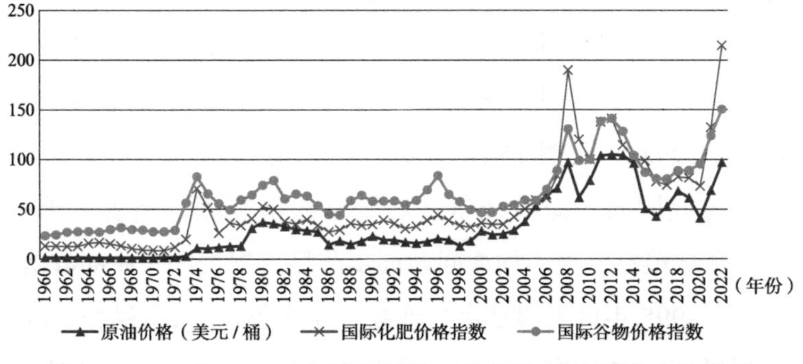

图 6–2　1960—2022 年国际原油、化肥和谷物价格变化趋势

数据来源于：世界银行商品市场（Commodity Markets）数据库。

① 数据来源于美国农业部 PSD 数据库。

② 数据来源于世界银行商品市场（Commodity Markets）数据库。

（三）第三次大幅上涨：1994 年 8 月—1996 年 5 月

世界银行商品市场数据显示，此轮国际粮食价格从 1994 年 8 月开始大幅上涨，于 1996 年 5 月达到阶段性最高点，持续了 22 个月，期间国际谷物价格指数从 54.7 点涨至 98.2 点，上涨 79.4%，月均上涨 2.8%。分品种看，玉米和小麦涨幅最明显。以 1994 年 8 月为基期，国际大米价格于 1995 年 10 月达到阶段性最高点，上涨 51.5%，月均上涨 3.0%；国际小麦、玉米和大豆均在 1996 年 5 月达到阶段性最高点，分别上涨 79.6%、112.5% 和 38.8%，月均分别上涨 2.8%、3.7% 和 1.6%[①]。

此轮国际粮价大幅上涨主要由全球粮食减产和农资价格上涨所致。一是农业协议削减粮食出口补贴导致全球粮食减产。1994 年 4 月，乌拉圭回合关贸总协定签署，按照农业协定的规定，世界各国调整农业政策，逐步削减对农业的支持与出口补贴，全球粮食产量出现下滑。美国农业部 PSD 数据显示，1995 年美国和俄罗斯谷物大幅减少 22.0% 和 21.3%，1993—1995 年欧盟 15 国小麦出口量每年减少 300 万吨以上。与此同时，海湾战争之后全球经济复苏，粮食需求增加，全球粮食供求不均衡问题逐步凸显。据美国农业部数据，1993—1995 年世界粮食市场连续三年产不足需，谷物库存持续下滑，1995 年库存消费比降至 26.6%，为此前十年以来最低（图 6–1）。二是农资价格上涨抬高国际粮价“地板”。据

① 数据来源于世界银行商品市场（Commodity Markets）数据库。

世界银行数据，1993 至 1996 年国际化肥价格指数从 30.5 点涨至 44.1 点，上涨 44.7%。

（四）第四次大幅上涨：2006 年 9 月—2008 年 4 月

世界银行商品市场数据显示，此轮粮食价格从 2006 年 9 月开始大幅上涨，于 2008 年 4 月达到阶段性最高点，持续了 20 个月，国际谷物价格指数从 95.7 点涨至 212.5 点，累计上涨 122.0%，月均上涨 4.3%。分品种看，所有粮食品种价格均暴涨，并达到当时有记录的最高水平。以 2006 年 9 月为基期，国际小麦、大米、玉米和大豆价格分别于 2008 年 3 月、4 月、6 月和 7 月达到阶段性最高点，分别上涨 124%、193%、136% 和 147%，月均涨幅分别高达 5.6%、5.8%、4.2% 和 4.2%。

此轮国际粮价大幅上涨主要由粮食减产、石油价格上涨、贸易政策和市场投机所致。一是极端天气引发粮食减产。受飓风、热浪和洪涝灾害等影响，美国、欧盟和印度等主产国粮食产量出现下滑。美国农业部 PSD 数据显示，2000—2006 年全球粮食有 6 年产不足需，2007 年全球谷物库存消费比降至此前 33 年来最低水平（图 6–1）。二是石油价格上涨抬高粮食生产成本。世界银行数据显示，仅在 2007 年 1 月至 2008 年 7 月，国际原油价格从 54 美元/桶暴涨至 133 美元/桶，涨幅高达 148%。受此影响，2007—2008 国际化肥价格指数从 83.4 点飙涨至 190.1 点，上涨 128%[①]。三是石油价格上涨

① 数据来源于世界银行商品市场（Commodity Markets）数据库。

驱动生物燃料产业快速发展，粮食需求大幅增加。四是出口限制措施加剧全球粮食供需偏紧局势。阿根廷政府于 2007 年 11 月将大豆、小麦的出口税从 27.5%、20% 提高到 35% 和 28%，导致 2008 年阿根廷大豆出口量从 2007 年的 1384 万吨降至 559 万吨，降幅达 60%；小麦出口量从 2007 年的 1121 万吨降至 678 万吨，下降了 39.4%[①]。五是市场投机拉高粮价。2003 年至 2008 年，美元整体大幅贬值，不仅推动国际原油价格暴涨，而且由于全球粮食减产，价格上涨预期增加，投机资本借机进入粮食期货市场，投机性净多头合约波动走高，2008 年 4 月达到当时历史峰值，推动国际粮价暴涨。

（五）第五次大幅上涨：2010 年 7 月—2012 年 8 月

世界银行商品市场数据显示，此轮国际粮食价格从 2010 年 6 月开始快速上升，于 2012 年 8 月达到阶段性最高点，持续上涨 26 个月，期间国际谷物价格指数从 89 点涨至 154 点，上涨 73%，月均上涨 2.2%，并涨至当时有记录的历史最高水平。分品种看，玉米和小麦涨幅最显著。以 2010 年 7 月为基期，国际大米价格于 2011 年 11 月达到阶段性最高点，上涨 39%，月均上涨 2.0%；国际玉米、大豆和小麦价格分别于 2012 年 7 月、8 月和 11 月达到阶段性最高点，分别上涨 103%、60% 和 83%[②]。

---

① 数据来源于美国农业部 PSD 数据库。

② 数据来源于世界银行商品市场（Commodity Markets）数据库。

此轮粮食价格大幅上涨主要由粮食减产、贸易政策和市场投机所致。一是极端天气导致粮食大面积减产。受干旱、洪涝等影响，俄罗斯、巴基斯坦和美国等主产国粮食产量下滑。美国农业部数据显示，2009 年至 2011 年世界谷物库存消费比连续 3 年下降，供需格局持续偏紧（图 6–1）。二是 2008 年金融危机爆发后，美国先后实施了两轮量化宽松政策，我国和欧洲等主要经济体也采取了不同的救市政策，全球流动性充裕且缺乏新的经济增长点，投机资本利用粮食减产预期，借机大肆炒作，引发粮食等大宗商品迅速上涨，通胀预期上升。三是贸易保护政策限制粮食出口，导致国际市场粮食供应量不足，拉高粮价。美国农业部 PSD 数据显示，俄罗斯和乌克兰实施的小麦出口限制措施，导致 2010 年两国小麦出口总量从 2009 年的 2789 万吨降至 829 万吨，下降 70%[①]。

（六）第六次大幅上涨：2020 年 6 月—2022 年 5 月

世界银行商品市场数据显示，此轮国际粮食价格大幅上涨从 2020 年 6 月开始，于 2022 年 5 月达到阶段性最高点，持续 24 个月，期间国际谷物价格指数从 89 点涨至 169 点，上涨 90%，月均上涨 2.8%，创历史最高水平。分品种看，小麦和玉米价格涨幅最显著。以 2020 年 6 月为基期，国际大米价格于 2021 年 2 月达到阶段性最高点，上涨 7%，月均上涨 0.9%；国际玉米、小麦和大豆价格分别于 2022 年 4 月、5 月

① 数据来源于美国农业部美国农业部 PSD 数据库。

和6月达到阶段性最高点，分别上涨135%、163%和99%，月均上涨4.0%、4.3%和2.9%。

这次粮食价格大幅上涨主要由极端天气、地缘冲突和宽松货币政策等多种因素共同所致。一是极端天气导致全球粮食减产。美国农业部PSD数据显示，2018年至2022年全球玉米有4年产不足需，小麦有3年产不足需。2020年玉米库存降至此前7年来最低，2022年小麦库存降至此前5年来最低。二是地缘政治和疫情引发部分国家限制粮食出口导致供应链受阻引发价格波动。疫情发生后，一些国家采取的粮食贸易政策也导致全球粮食供应链的脆弱，助推恐慌和价格上涨。特别是俄乌冲突爆发后，为保障本国粮食安全，全球20多个国家，包括阿根廷、印度等主要粮油出口国，纷纷出台限制粮食出口政策，导致全球受限食品贸易份额超过17%，达到2007—2008年全球食品和能源危机期间的水平。美国农业部数据显示，2022年乌克兰玉米出口量同比减少35%，导致粮食危机在地缘政治下进一步恶化[①]。三是宽松货币政策导致美元贬值，以美元计价的大宗商品价格上涨，叠加投机资本炒作粮食市场，带动粮食价格上涨。四是石油价格上涨导致粮食生产成本增加。世界银行数据显示，受宽松货币政策和俄乌冲突影响，2020年6月至2021年3月，国际石油价格从39.5美元/桶涨至110.1美元/桶，上涨162%，期间国际化肥

① 数据来源于美国农业部美国农业部PSD数据库。

价格指数暴涨234%[①]。

三、国际粮食价格波动的规律

粮食价格形成是一个系统事件，既遵循由供求基本面决定的一般规律，又受自然灾害、突发事件、地缘政治、贸易政策、宏观经济和能源市场状况等冲击。过去60多年来，全球粮食供需总体呈紧平衡态势，科技进步和农业支持政策支撑全球粮食总供给稳步提升，但由于全球范围内水土资源禀赋和各国农业支持力度的差异，粮食供给存在区域性结构性短缺问题，粮食供应链条脆弱，在面临外部诸如极端气候、地缘冲突等不确定性因素时，国际粮食价格尤其容易在短期内暴涨暴跌。

（一）供求失衡是国际粮价波动的客观基础，粮价走势与库存消费比显著负相关

商品的价格取决于供给和需求的平衡，供求力量的变化引起市场价格的变化，供求基本面稳定，价格就很难维持长时间大幅上涨。从国际粮价波动看，每次粮食价格的大幅上涨，均出现供求紧张，随着供求关系的改善，国际粮价也逐渐回落。由于世界主要粮食生产国和贸易国高度集中，当这些国家发生自然灾害或者粮食减产时，区域间粮食供需不平

---

① 数据来源于世界银行商品市场（Commodity Markets）数据库。

衡的矛盾或被加深，“卖方市场”格局下，若出现库存下降、金融条件改变、地缘政治恶化、能源价格波动或者突发事件爆发，极易引发国际粮食价格大幅波动。1960 年以来六次大的价格波动均由粮食主产国发生自然灾害或者其他因素导致粮食减产触发。根据国际货币基金组织的研究分析，全球粮食产量每下降 1%，粮食价格就会上涨 8.5%。

库存消费比是反映粮食供求平衡情况的重要指标。历史数据显示，国际粮食价格与库存消费比存在显著的负相关关系，二者走势基本相反，世界粮食库存消费比上升时价格趋于下降，库存消费比趋于下降时价格趋于上升。库存能够平衡供给与需求，是稳定粮食市场的重要基础。库存较高时，就能部分抵消粮食供需波动对供给粮价的影响；当库存过低时，库存对冲歉收影响的能力不足，国际粮食价格更容易受到偶然因素影响，价格波动风险增加（图 6–3）。基于时间序列的实证研究结果显示，粮食价格与粮食产量、消费量、库存之间存在稳定的协整关系，库存在短期和长期都是影响国际粮食价格的主要因素。美国农业部和世界银行数据显示，2000—2005 年由于世界谷物库存充裕，虽然 6 年中有 5 年产不足需，但供求基本面也趋于均衡，国际价格相对平稳；而 2013—2017 年，世界谷物连续 5 年产大于需，期末库存和库存消费比从 4.76 亿吨和 22.4% 分别提高到 7.87 亿吨和 34%，这一阶段，世界谷物价格从金融危机以来的高位持续回落（图 6–4）。

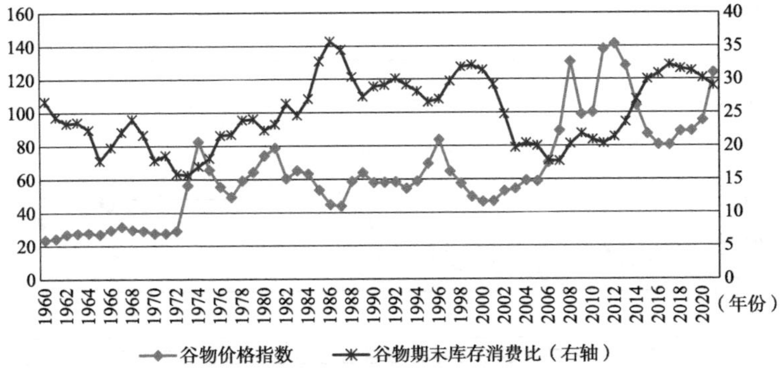

图 6-3　1960—2021 年世界谷物价格指数和期末库存消费比走势

注：1. 世界谷物价格指数来自世界银行商品市场数据库。

2. 世界谷物期末库存消费比数据来自美国农业部 PSD 数据库。

（二）资本炒作和投机是国际粮价短期急剧波动的重要推力，粮价走势与美元指数显著负相关

一方面，1973 年布雷顿森林体系解体后，美元成为国际货币体系内的核心货币，包括粮食在内的主要大宗商品的定价和贸易结算均以美元作为媒介货币，当美元贬值时（美元指数下降），以美元标价的粮食价格趋于上涨，反之美元升值（美元指数上升）时粮食价格下降。从长期历史数据分析看，美元指数与粮食价格之间存在显著的负相关关系，两者走势基本相反（图 6-4）。据中国人民大学教授程国强测算，美元指数上涨 10%，将使得 CBOT 玉米、大豆期货价格下跌 55% 和 39%；美元指数上涨 10%，将推动 CBOT 玉米、大豆期货价格上涨 35% 和 28%。

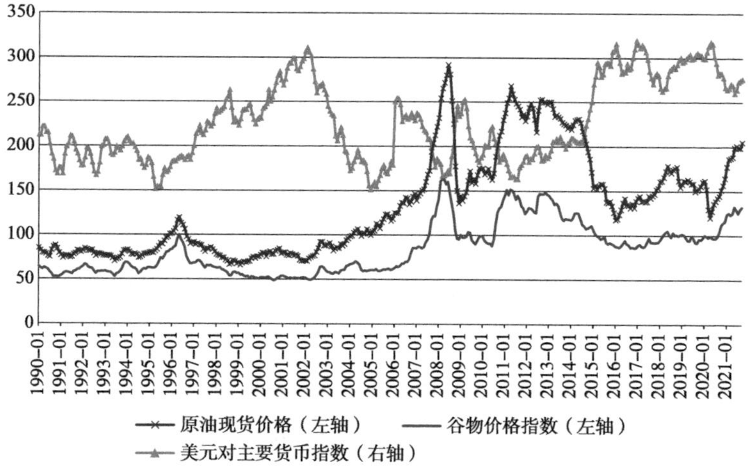

图 6–4　1990 年以来美元指数和世界谷物价格指数走势

注：1. 世界谷物价格指数来自联合国粮农组织。

2. 原油现货价格和美元兑主要货币指数来自 Wind 数据库。

另一方面，粮食作为大宗商品，一般都采用期货交易模式，其定价也以期货价格为基准，全世界 90% 以上的谷物期货交易都在美国芝加哥期货交易所。伴随着粮食期货等衍生品市场的快速发展，粮食的金融属性逐步增强，美联储货币政策逐渐成为影响国际粮价的关键性因素，国际粮价对货币供应量、利率和汇率等各类金融变量的变化越来越敏感。金融因素不仅通过改变流动性、投机性以及市场预期等直接影响国际粮价，而且还会通过国际能源价格间接影响国际粮价。在宽松货币政策环境下，国际资本流动性过剩，大量资本为避免美元贬值带来的损失，而转向其他产品投资，一旦出现粮食减产、库存下降或其他突发事件，投资基金就会“顺市”

炒作芝加哥农产品期货价格，粮食期货价格上涨，提高未来现货价格的上涨预期，供应商惜售待价而沽，导致粮食价格在短期内偏离供求基本面决定的趋势价格，出现不合理暴涨。据测算，世界粮食供应量出现 3%～5% 波动，国际市场上的投机活动就会将粮价波动放大到 10%～15%。

（三）原油价格通过成本效应和替代效应与粮价共振，粮价走势与能源价格显著正相关

随着现代石油农业和生物燃料技术的快速发展，原油价格价格上涨通过直接的“成本冲击”以及扩张生物能源产业间接刺激“需求增加”，带动粮食价格与石油价格共振（见图 6–5）。从长期历史数据分析，原油价格与粮价存在显著的正相关关系，两者走势几乎完全一致（图 6–2）。据测算，原油价格和玉米、小麦的相关度在 0.77～0.78，与大豆的相关度为 0.82，属于高度相关。世界银行报告显示，石油价格每上涨 1%，粮食价格就会上涨 0.2%。

一是原油价格上涨通过成本效应，抬升粮食生产成本，进而推高粮价。农药、化肥、机械燃油等粮食生产资料依赖于石油、天然气等化石能源，生产成本与能源价格直接相关。据美国农业部数据，农药、化肥、机械燃油的费用占美国玉米、小麦和大豆种植成本的 15%～17%，能源价格的上涨直接抬高粮价底部。世界银行报告显示，如果化肥价格上涨 1%，食品价格就会上涨 0.45%。油价上涨也会带动粮食运输成本的增加。

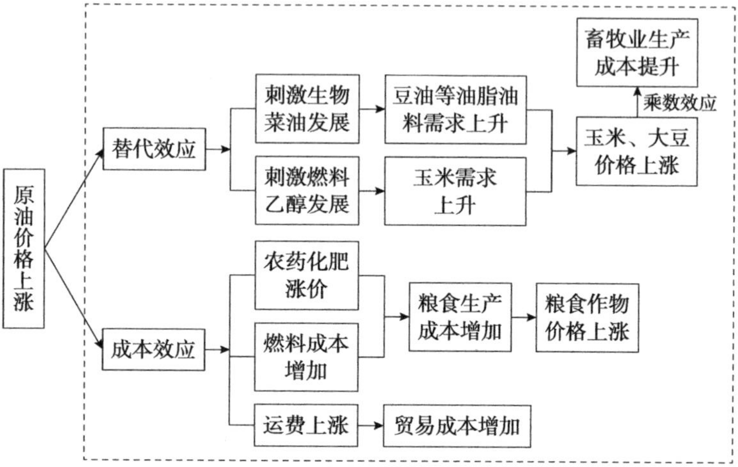

图 6-5　原油价格上涨影响粮食作物价格的两种途径

二是油价上涨通过替代效应，刺激生物柴油和燃料乙醇的发展，大幅增加玉米和大豆等消费量，加剧粮食供求紧张，进而推高粮食价格。20 世纪 70—80 年代的两次石油危机后，以美国为代表的一些发达国家推行以生物燃料部分替代石油能源的政策。为降低对海外石油的依赖，美国还出台新能源法案，给予玉米乙醇以高额补贴。据《OECD-FAO 农业展望报告 2021—2030》，2000—2021 年，世界燃料乙醇产量从 2237 万吨增至 12437 万吨，年均增长 8.5%；其中，世界生产乙醇耗用玉米量占世界玉米总产量的比重由 3.4% 提高至 15.7%；美国生产乙醇所耗用的玉米量占美国玉米总产量的比重由 6.4% 提高至 38.8%。2000—2021 年，世界生物柴油产量从 81 万吨增至 4827 万吨，年均增长 21.5%；其中世界生产生物柴油耗用植物油量占世界植物油总产量的比重由 0.8%

提高至 14.8%[①]。生物质能源的快速发展，打通了能源市场和粮食市场相互影响的通道，能源需求的微小变化就能引起粮食需求的巨大波动，对粮食价格产生巨大影响，生物燃料对 2008 年国际粮价暴涨的贡献率为 75%。

四、启示及相关建议

从历史数据可以看出，国际政治、地缘冲突、粮食的金融属性和能源属性等因素对国际粮食价格的影响日益加深，国际粮食价格长期偏离供求基本面，波动越来越剧烈。此外，国际资本炒作、投机行为和海外供应链脆弱等风险因素对粮食价格的影响不断增大。随着国内外粮食市场深度融合，国际粮食价格上涨通过贸易和预期对国内输入性、传导性风险越来越大，我国粮食安全面临着前所未有的、超越自身内部平衡的新型挑战与压力。必须坚持底线思维、树牢风险意识，立足国内，提高粮食综合生产能力，调整优化农业结构，着力夯实粮食供求基本面，加强粮食市场调控，建立多元化的全球粮食供应体系，全力保障国内粮食市场供应和价格稳定，谨防国际粮食价格上涨带来通胀风险，确保我国粮食安全。

（一）立足国内，着力夯实粮食供求基本面

粮食产量丰、库存足是保供稳价的基础。供求基本面稳

① 数据来源于《OECD-FAO 农业展望报告 2021—2030》。

定、库存合理充足，粮食市场运行就较为平稳。由于我国粮食产量稳步增长，库存消费比远高于18%的国际安全警戒线，与国际粮价“过山车”式的剧烈波动相比，国内粮价波动较温和，波动幅度远低于国际市场。比如，2006—2011年，国际谷物价格剧烈波动，年际间波幅高达17%、41%、36%、–29%、11%和32%；而我国谷物供求总体宽松、库存规模适度，国内谷物价格波动呈现温和性、可控性特征，年际间波幅仅为7%、10%、6%、13%和11%[①]。但是，近年来我国粮食进口量快速增长，对外依存度明显提高，2016—2021年我国谷物进口量从2200万吨增至6538万吨，年均增长24.3%，进口依存度从3.4%提高至9.4%[②]。加之国内产需缺口持续扩大、库存消费比持续下降，国内外粮食价格联动性明显增强，国内谷物价格跟涨趋势明显，但总体涨幅仍低于国际（图6–6）。

未来我国粮食总量缺口仍将继续扩大。我国粮食总需求将在2029年达到8.54亿吨的峰值，比2021年的国内产量高出1.7万吨。抵消这一粮食缺口，要抓住耕地和种业两个要害，努力提高粮食生产效率，同时加强需求侧管理，减少粮食损失浪费。第一，守牢18亿亩耕地红线，强化耕地用途管制，严防耕地“非粮化”，确保永久基本农田重点用于粮食生产。高标准农田是全面落实藏粮于地战略的重要抓手和关键举措。

① 国际谷物价格数据来源于联合国粮农组织，国内谷物价格数据来源于《全国农产品成本收益资料汇编2021》。

② 进口依存度＝进口量/（进口量－出口量＋产量）。其中，进口量和出口量数据来自海关总署，产量数据来自国家统计局。

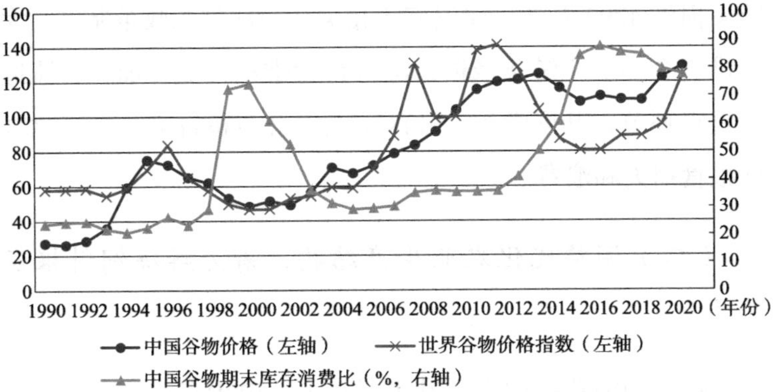

图 6–6　1990—2021 世界和中国谷物价格变化趋势

注：1. 世界谷物价格指数来自世界银行商品市场数据库。

2. 中国谷物价格来自《全国农产品成本收益资料汇编 2021》，单位为元 /50 公斤。

以粮食生产功能区为重点加强高标准农田建设，针对管护机制不健全、亩均投入低、缺乏专业管护人员等问题，建立健全以“区县主导、乡镇主责、村级主体”的高标准农田管护机制，明确管护主体，集中资金增加单位投入，力争单位投入标准达到 3000 元 / 亩以上。第二，加快种业科技创新，加强分子设计育种、转基因技术、高效制种繁种等关键技术研发，着力攻破玉米和大豆单产水平低瓶颈，加快培育具有国际竞争力的现代化种业集团，推进粮食种业育繁推一体化发展。第三，推进粮食全链条减损，推进粮食开源与节流并重。据测算，我国三大主粮的综合损失浪费率高达 20.02%，其中水稻和小麦的综合损失率分别为 30.27% 和 13.38%。只要采取适当措施，三大粮食综合损失率可降低为 12.96%，相当于减少损失4292万吨。建议完善相关法律法规和政策制度，大力推进全环节全链条减损，深入持续推动消费、加工、流通等重点环节，开展学生、社区重点人群节粮行动，系统化降低粮食损失和浪费。

（二）调整优化农业生产结构，着力解决饲料粮短缺问题

在食物消费结构不断升级背景下，由于农业生产结构调整速度滞后于食物消费结构升级速度，导致大豆和玉米等饲料粮产需缺口不断扩大，对国际市场的依赖程度升高，国际粮价上涨的输入性传导性压力明显增大。我国大豆每年消费量超过1亿吨，国内产量仅1800万吨左右，产需缺口巨大，高度依赖国际供应，进口依赖程度超过85%。玉米临时收储政策取消后，国内玉米产需缺口不断扩大，进口明显增多，2021年国内玉米进口量高达2836万吨，同比增长152%；进口依赖度从2016年的1.2%提高至9.4%。未来随着饲用消费的继续增长，大豆、玉米等饲料粮的缺口将持续扩大，预计到2030年玉米产需缺口将超过5300万吨，大豆进口量超1亿吨将成为常态，玉米和大豆自给率将分别降至83%和13%左右。扭转当前农业生产结构与需求结构错配问题，重点是要调整口粮与饲料粮、饲草的生产结构。一是以食用消费需求为标准，合理调整口粮生产规模，并优化品质结构。“口粮绝对安全”是指小麦和稻谷的食用消费需求安全，但是在实际工作中，是按照口粮的总消费量确定的。随着居民消费

结构升级，口粮食用消费不断下降，稻谷食用消费占国内总产量的比重不到75%，小麦更是低于70%。二是实施饲料粮发展战略，充分发挥农业支持政策的杠杆作用，引导农民扩大玉米和大豆种植面积，稳步推进玉米大豆带状复合种植面积，提高土地资源利用效率。三是因地制宜发展草食畜牧业，巩固提升北方草食畜牧业发展质量，充分挖掘南方草地和农作物秸秆资源综合利用潜力，大力发展全株青贮玉米、苜蓿、饲用燕麦等优质饲草，逐步提高牛羊优质饲草饲喂比重。

（三）加强粮食市场精准调控，严厉打击资本恶意炒作

近年来，国内粮食期货市场快速发展，制度不断完善，种类不断丰富，在保障粮食安全、防范农业风险方面发挥着重要作用，但也为资本炒作提供了平台，使得国内粮食市场对国内外货币政策越来越敏感。比如，自2020年新冠疫情暴发后，包括我国在内的主要经济体实行宽松货币政策，为金融市场注入了大量流动性，加之国内临储玉米见底，玉米产需缺口扩大，生猪产业快速恢复，东北玉米产区又遭受史无前例的三次台风袭击，这些内外部因素同时聚积，为资本炒作玉米涨价提供了想象空间。在追求利益最大化，强烈看涨粮价的预期下，各路资金纷纷涌入玉米期现货市场，2020年初至2021年初，国内玉米价格从1900多元/吨上冲至3000元/吨左右，涨幅超过50%。要坚持底线思维，加强粮食市场监测预警和精准调控。一是加强对国际粮食市场供需及价

格走势的监测和分析研判，合理把握大豆及谷物进口节奏和力度，减少国际市场对我国粮食进口的炒作。二是加强跨周期政策设计和逆周期调节，强化粮食产购储加销协同保障，稳步推进中央战略储备增储和调节储备充实，促进粮食供求总量平衡、结构优化、内外均衡。三是做大做强郑州商品交易所、大连商品交易所，大力发展人民币标价的粮食期货，完善交易规则制度，持续优化市商制度，吸引国际投资者，着力提高我国粮食期货市场的国际影响力。不断强化粮油期现货市场监管，采取强力措施严防投机资本炒作粮食价格，严厉查处各类违法违规行为，切实维护市场秩序。四是引导玉米深加工有序发展，确保“不与人争粮、不与饲料争粮”。

（四）加强粮食安全治理国际合作，提高国际粮食供应链韧性

当前国际粮食市场已成为保障国家粮食安全的重要组成部分。近年来，我国粮食进口量持续增加的同时，粮食进口品种集中、来源集中、渠道集中、物流运输集中的问题凸显，粮食进口的安全性和稳定性风险隐患较大。2021 年大豆、玉米和大麦三个品种进口量占比超过 80%，前三位进口来源国所占比重均超过 95%；进口渠道高度依赖集中于少数跨国粮商，走出去的国内粮食企业大多“小、散、弱”，在粮源掌控、产业链控制等方面能力较弱；物流运输高度依赖海运，途经马六甲海峡、巴拿马运河、苏伊士运河等关键咽喉要道，一旦中断或受阻，将会造成国内大豆、高粱、大麦等高度依靠

进口的粮食品种供给紧张。因此，建议加强与“一带一路”沿线国家的粮食合作，优化我国粮食对外合作区域布局，拓展与中东欧、中亚和非洲等大豆潜在产区的合作，加强与南美、独联体等区域的玉米合作。鼓励有实力的粮食企业通过合资经营、股权置换、融资租赁、并购重组等方式，开展粮食仓储、物流、加工、贸易等国际合作，加快培育一批具有国际竞争力的粮食企业集团。同时积极参与全球粮食安全治理，积极倡导多边、双边贸易合作，推动各国在粮食减损、检疫、进出口贸易等方面形成合理的国际规则，促进形成公平公正的国际粮食市场秩序。

参考文献

[1]蔡海龙，2013.近年来世界粮价波动原因及我国的对策[J].甘肃社会科学（6）：198-201.

[2]傅晓，牛宝俊，2009.国际农产品价格波动的特点、规律与趋势[J].中国农村经济（5）：87-96.

[3]高帆，龚芳，2011.国际粮食价格的波动趋势及内在机理：1961—2010年[J].经济科学（5）：5-16.

[4]郭栋，2022.点“碳”成金：碳金融的去能源化特征和货币政策溢出效应[J].经济研究参考（9）.

[5]郭栋，2022.乌克兰危机影响国际粮食安全的逻辑及对策[N].金融时报，2022-11-07.

[6]李偲，2022.全球粮食价格小幅回落，粮食供应与安全风险不容小觑[N].金融时报，2022-12-13.

[7]李光泗，王莉，等，2018.进口快速增长背景下国内外粮食价格波动传递效应实证研究[J].农业经济问题(2)：94-103.

[8]李天祥，许银珊，等，2022.我国粮食进口过度集中的风险化解及策略研究[J].经济学家(8)：106-117.

[9]李先德，王士海，2009.国际粮食市场波动对中国的影响及政策思考[J].农业经济问题，30(9)：9-14.

[10]刘丽，孙炜琳，王国刚，2022.高水平开放下国际粮食价格波动对中国农产品市场的影响[J].农业技术经济(9)：20-30.

[11]刘长全，2021.我国重要农产品供给安全面临的挑战与对策[J].经济纵横(5)：61-72.

[12]吕捷，林宇洁，2013.国际玉米价格波动特性及其对中国粮食安全影响[J].管理世界(5)：76-87.

[13]农业部农业贸易促进中心课题组，2014.国际农产品市场供需现状、趋势与特点[J].世界农业(7)：86-91.

[14]王东，王远卓，2021.货币超发、粮食金融化与粮食进口国粮食安全风险[J].保险研究(7)：3-22.

[15]王丽娜，2017.国际市场玉米价格对国内市场玉米价格的传导研究[J].价格月刊(6)：17-19.

[16]王文斌，戴金平，2009.国际粮食价格与其产量、消费和库存——基于时间序列的实证研究：1980—2007[J].国际贸易问题(5)：35-40.

[17]王晓辉，鲁珂君，2021.国际市场大宗商品30年价格史[J].中国粮食经济(3)：47-52.

[18]武拉平，2022.我国粮食损失浪费现状与节粮减损潜力研究[J].农业经济问题(11)：34-39.

[19]肖锐，冯如雪，李亚东，2022.新一轮全球粮食价格高涨分析

[J].中国金融(15): 58-59.

[20]叶兴庆,2021.迈向2035年的中国乡村: 愿景、挑战与策略[J].管理世界,37(4): 98-112.

[21]曾伟,2023.国际粮食价格波动特征、规律与应对策略——基于6次典型大幅上涨的分析[J].经济学家(3): 109-119.

[22]张秀,2020.全球粮食市场形势、异动风险及应对措施——基于保障国家粮食安全的国际视角分析[J].价格理论与实践(5): 4-8.

[23]张祝基,2011.破解粮价飞涨 还是大有希望[N].人民日报(海外版),2011-03-24.

[24]郑辉,2018.国际粮食价格波动对我国粮食供需平衡的影响研究[J].价格月刊(4): 46-49.

[25]郑旭芸, 庄丽娟,2022.进口规模扩大可以增强国际粮食价格传导效应吗? [J].华中农业大学学报(社会科学版)(1): 126-139.

[26]周景彤, 范若滢,2022.本轮全球粮食价格上涨的原因、影响与应对[J].清华金融评论(10): 104-106.

[27]朱聪, 曲春红, 等,2022.新一轮国际粮食价格上涨: 原因及对中国市场的影响[J].中国农业资源与区划(3): 70-78.

第七章
国际粮食市场波动对中国粮食安全影响及应对策略[①]

粮食安全关系民生福祉，是国家稳定安全的重要保障。加入 WTO 以来，随着国内农业扩大开放的深度和广度不断加大，我国粮食进口大幅增加，国际粮食市场对保障国内粮食供应稳定发挥着重要作用。新冠疫情暴发以来，国际粮食贸易秩序梗阻失调，在疫情蔓延、极端天气、贸易摩擦、地缘冲突、资金流动性过剩及基金炒作等众多因素的影响下，导致国际市场粮食供需错配和失衡，国际粮食价格波动频繁。我国粮食生产连年丰收，库存充足，国际粮食市场波动对国内口粮安全影响有限，但玉米、大豆和食用植物油等进口量较大、市场化程度较高的粮食品种受国际粮价上涨影响较大，国内保供稳价压力不断加大，甚至威胁国家粮食安全。

① 本章内容刊发于《农村经济》2023 年第 7 期，并进一步作了修改完善。

一、引言

无农不稳，无粮则乱。作为人口大国，我国一直把粮食安全作为“国之大者”，走出了一条符合本国国情农情的特色粮食安全之路。2022 年，我国粮食生产实现“十九连丰”，粮食产量连续八年稳定在 1.3 万亿斤以上，人均粮食占有量达 483 公斤，远超人均 400 公斤的国际粮食安全标准线。在国内粮食增产情况下，受国内消费结构升级和国内外粮食价格倒挂等因素影响，近年来我国粮食进口量快速增长，对外依存度明显提高，特别是大豆对外依存度超过 80%，国际市场已成为我国粮食供给保障的重要组成部分。2020 年下半年以来，在全球粮食产量创历史新高的情况下，受新冠疫情冲击、自然灾害、货币政策、俄乌冲突等影响，国际粮食价格大幅上涨，市场波动剧烈，全球粮食安全不断恶化。联合国粮农组织报告显示，2021 年全球约 8.28 亿人陷入饥饿，约 23 亿人处于中度或重度粮食不安全状态，食物不足发生率从 2014 年的 7.8% 升至 9.8%；预计到 2030 年，全球仍约 6.7 亿人面临饥饿，占世界总人口的 8%，与 2015 年启动《2030 年可持续发展议程》时的水平相当。国际粮食安全形势及市场波动必然会对我国粮食进口稳定性、成本及国内价格等方面产生冲击，甚至威胁国家粮食安全，需要高度关注并及时作出研判。

现有关于国际粮价波动特征的研究主要从长期趋势、周期特征等方面分析国际粮价波动特性，认为不同时期国际粮价波动幅度、频次、持续时间等存在明显差异，如高帆和龚芳分析了1961—2010年国际粮食价格波动趋势，指出其经历了从极其平稳到剧烈波动、再到相对平稳、最后到剧烈波动的变化轨迹。关于国际粮价波动的影响因素，大部分学者认为影响国际粮食价格的因素复杂多样，粮食供求矛盾、生产成本、能源价格、货币政策、贸易政策和农业政策等均对国际粮价产生影响。近年来，粮食投资品和能源属性显著增强，货币政策和能源价格已成为影响国际粮价的核心因素。学者们主要从国内外粮食市场的传导机制、传导效应等方面研究国际粮价波动对我国粮食价格的影响，丁守海、高帆和龚芳等认为贸易和信息是国际粮价影响国内粮价的主要传导方式，且国内外粮价存在1～5个月的传导时滞。大部分学者认为，高水平开放下国际粮价波动对国内粮食市场的冲击愈加明显，对不同粮食品种的影响也存在一定的差异，对国内大豆和玉米输入性影响程度最为显著，小麦和大米次之，还会导致粮食进口渠道不畅、进口成本高企、抬升国内种植成本。也有学者认为，国际粮价波动对我国影响相对较小，既有消极影响也有积极影响。现有文献对国际粮价波动特征、原因及影响开展了大量研究，但鲜有文献系统剖析国际粮价上涨对国内粮食供应、成本、价格以及畜牧业的影响。因此，本章在分析近期国际粮价波动特点及原因的基础上，从贸易冲击、价格冲击和成本传导角度，系统研究国际粮价波动对我国粮食安全的影响。

二、近期国际粮食价格波动特点及原因

（一）本轮国际粮食价格波动特点

1. 价格水平高

从过去十几年走势看，国际粮食价格总体呈不断下降趋势，2020 年下半年以来，国际粮价步入上升通道。尤其是俄乌战争进一步削弱全球粮食供需基本面和供应链韧性，导致主要粮油品种价格出现恐慌性暴涨。据联合国粮农组织数据显示（图 7–1），2022 年 3 月，世界植物油价格指数飙升至 251.8 点，创下自 1990 年以来的最高纪录，较 2020 年 3 月上涨 195%；世界谷物价格指数涨至 170.1 点，较 2020 年 3 月上涨 73%，同年 5 月达到历史最高纪录 173.5 点。随着俄乌签署恢复乌克兰黑海运粮通道协议以及美联储激进加息政策，国际粮油价格逐渐回落，但仍处于较高水平。2022 年 7 月，世界谷物价格指数和植物油价格指数回落至 147.3 点和 171.1 点，环比下降 12% 和 19%，同比仍上涨 17% 和 10%。

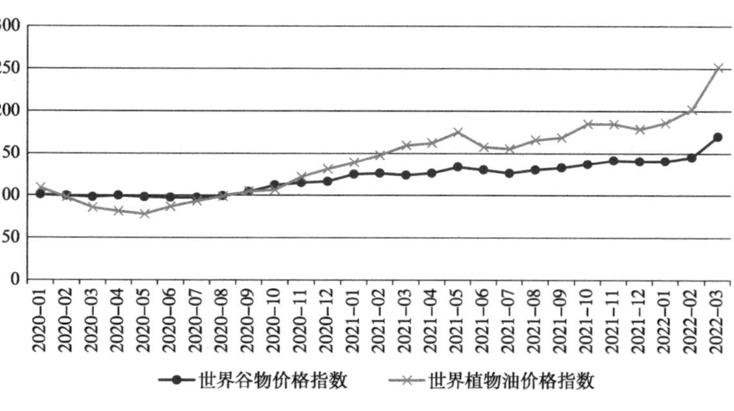

图 7–1　2000 年以来世界粮油价格指数走势

数据来源：联合国粮农组织（FAO）。

2. 波动剧烈

受俄乌冲突影响，2022 年芝加哥商品交易所（CBOT）小麦期货主力合约收盘价最高涨至 1294 美分 / 蒲式耳，触及 14 年来最高点，同比上涨 91%；之后最低回落至 730 美分 / 蒲式耳，下跌 44%。CBOT 玉米期货主力合约收盘价最高涨至 814 美分 / 蒲式耳，之后最低回落至 562 美分 / 蒲式耳，下跌 31%。CBOT 大豆期货主力合约收盘价最高涨至 1774 美分 / 蒲式耳，之后最低回落至 1302 美分 / 蒲式耳，下跌 27%。

3. 品种走势分化

粮食品种间因供需格局分化，价格走势也呈分化态势，2020 年下半年以来，国际小麦、玉米和大豆价格震荡上扬，而大米价格呈下跌趋势。世界银行数据显示（图 7–2），2022 年 5 月，国际小麦价格攀升至历史最高水平，涨至 522 美元/吨，

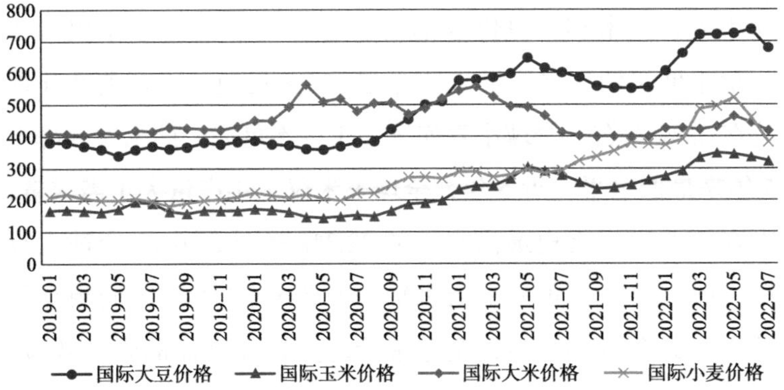

图 7–2　近年来世界主要粮食品种价格走势（美元 / 吨）

数据来源：世界银行商品数据库。

分别较2021年5月和2020年5月上涨76%和154%。在小麦价格带动下，2022年6月国际大豆和玉米价格也创历史纪录，涨至737美元/吨和336美元/吨，分别较2020年6月上涨99%和127%。与其他品种相比，国际大米市场运行相对平稳，价格缓慢下跌，2022年6月，国际大米价格为444美元/吨，分别较2020年6月下跌5%和15%。

（二）本轮国际粮价波动原因

1. 极端天气频发导致全球粮食供求紧平衡

近年来，全球粮食主产区频遭干旱、洪涝等极端天气，粮食生产受到一定程度影响，而消费刚性增长，供求基本面较为脆弱，库存持续下降，部分品种产需趋紧。据美国农业部数据（图7–3），近4年，全球粮食产量持续小于消费量，期末库存降至5年来最低水平。分品种看，稻米供求宽松，而小麦、玉米和大豆供求偏紧。近10年，全球稻米仅两年产量略低于消费量，期末库存超过1.8亿吨，库存消费比保持在35%左右。全球小麦连续2年产不足需，期末库存降至5年来最低水平。近5年，全球玉米仅1年产量大于需求量，库存消费比由历史最高水平的32.3%降至26.0%；全球大豆期末库存降至6年来最低水平（表7–1）。由于不同粮食品种之间具有可替代性，全球粮价之间存在明显的联动效应。一种粮食品种供求趋紧，价格上涨会推动另一种粮食价格上涨，特别是贸易量较大的小麦、玉米和大豆。相关研究结果发现，在农产品中，玉米、大豆和小麦等商品之间价格具有高度的相关性，相关系数平均在 0.9 左右。其中玉米和大豆的相关系数最高，达到 0.92。正因为如此，本轮粮价上涨出现玉米、小麦和大豆轮番跟涨局面。

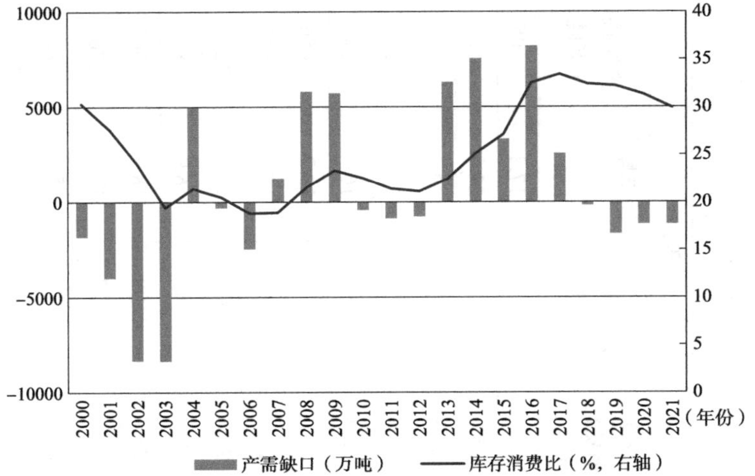

图 7-3　2000—2021 年全球粮食供需变化趋势

注：数据来源于美国农业部。

2. 全球粮食供求区域性严重不平衡

全球粮食供需在总体紧平衡的基础上，存在明显的区域性粮食短缺问题。受自然资源禀赋、人口增长、粮食生产支持力度等影响，北美洲、南美洲、苏联 12 国和大洋洲等地广人稀、水土资源禀赋较好的地区，粮食供大于需程度持续提升，而北非、撒哈拉以南非洲、中东、东南亚等人口稠密地区，粮食供需缺口持续扩大，区域性不平衡加剧（见图 7–4）。同时，全球粮食出口国高度集中，越来越向少数国家集中，而进口国较为分散。全球稻米、小麦和玉米出口量排名前五

表 7–1 全球主要粮食品种产需变化趋势

年度	稻米		小麦		玉米		大豆	
	产需缺口（万吨）	期末库存消费比（%）	产需缺口（万吨）	期末库存消费比（%）	产需缺口（万吨）	期末库存消费比（%）	产需缺口（万吨）	期末库存消费比（%）
1990/1991	529	17.5	2282	25.4	939	17.2	–105	19.0
2000/2001	85	36.8	–207	35.0	–2016	24.9	304	18.0
2001/2002	–1269	33.3	–462	34.3	–2332	20.6	85	17.5
2002/2003	–2972	26.8	–3474	27.8	–2571	19.5	674	20.8
2003/2004	–2420	20.7	–3397	22.4	–2195	16.0	–342	18.7
2004/2005	–725	19.2	1873	24.8	2781	19.2	1056	23.5
2005/2006	214	18.5	–297	23.6	–766	17.6	527	24.6
2006/2007	–30	17.9	–2063	20.6	–1580	14.9	1205	27.8
2007/2008	528	18.8	–549	19.8	2115	16.9	–862	23.0
2008/2009	1026	20.8	4074	25.7	1609	18.9	–907	19.8
2009/2010	266	21.5	3510	31.1	–327	17.5	2261	25.0
2010/2011	354	22.1	–260	30.2	–1820	15.0	1293	27.9
2011/2012	578	22.7	–4	28.5	337	15.0	–1781	21.5

续表

年度	稻米		小麦		玉米		大豆	
	产需缺口（万吨）	期末库存消费比（%）	产需缺口（万吨）	期末库存消费比（%）	产需缺口（万吨）	期末库存消费比（%）	产需缺口（万吨）	期末库存消费比（%）
2012/2013	325	23.5	–2171	25.7	327	15.9	753	21.6
2013/2014	–315	22.3	1670	27.7	4201	18.4	740	22.7
2014/2015	65	24.0	2252	30.8	3349	21.2	1857	26.1
2015/2016	484	28.4	2368	33.9	517	22.2	–58	24.8
2016/2017	739	31.0	1657	35.3	3918	32.3	1 870	29.0
2017/2018	1271	33.7	2000	38.1	–1043	31.3	327	29.3
2018/2019	1073	35.5	–483	37.8	–2166	27.9	1397	31.9
2019/2020	133	36.0	1652	40.2	–1642	26.8	–1814	26.9
2020/2021	577	37.2	–656	37.1	–1488	25.6	415	28.1
2021/2022	–306	35.8	–1392	34.8	1896	26.0	–1356	23.5

注：1. 数据来源于美国农业部。

2. 年度为当年 10 月至下年 9 月。如，2021/2022 年度为 2021 年 10 月至 2022 年 9 月。

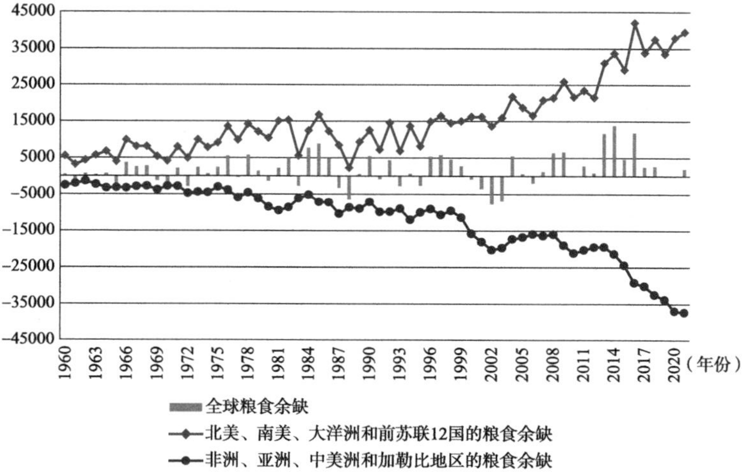

图 7–4　1960—2020 年全球不同区域粮食产需变化趋势（万吨）

数据来源于：美国农业部。

的国家出口总量占全球稻米总出口量比重分别高达 78.5%、65.4% 和 87.7%；而稻米、小麦和玉米进口量排名前五的国家进口总量仅占全球总进口量的比例分为 29.3%、25% 和 47.2%。全球大豆出口国和进口国均较为集中，排名前两名的国家出口总量占全球出口总量的 90.3%；排名前两名的国家进口总量占全球进口总量的 67.8%（见表 7–2 和表 7–3）。这种供需格局和贸易格局，极易形成卖方垄断势力，一旦出口国发生政局不稳、贸易政策改变、自然灾害等情况，极易引起全球粮食市场供给不稳、供应不畅，进而导致全球粮食价格上涨。例如，俄罗斯和乌克兰是全球主要谷物出口国，2021 年两国小麦、大麦、玉米、葵花籽出口量占全球的比重为 19%、14%、15% 和 52%。俄乌冲突爆发后，致使依赖俄乌出口的中东、非洲等发展中国家和地区粮食供给紧张，全球粮价应声大涨，尤其是俄乌两国出口量较高的小麦、玉米的涨幅最高，先后多次突破历史高点。

表 7-2　2021/2022 年度全球粮食出口量前 10 位的国家（地区）及其占比

单位：%

稻米		小麦		玉米		大豆	
印度	38.9	俄罗斯	16.2	美国	30.9	巴西	52.2
泰国	13.7	欧盟	15.7	巴西	21.9	美国	38.1
越南	12.2	澳大利亚	13.5	阿根廷	19.2	加拿大	2.8
巴基斯坦	8.9	美国	10.7	乌克兰	12.8	巴拉圭	1.6
美国	4.8	乌克兰	9.3	欧盟	2.9	乌拉圭	1.6
缅甸	4.2	阿根廷	8.1	俄罗斯	2.0	阿根廷	1.5
中国	3.8	加拿大	7.4	印度	1.8	乌克兰	0.9
柬埔寨	3.1	哈萨克斯坦	4.0	南非	1.6	俄罗斯	0.5
乌拉圭	1.6	印度	4.0	巴拉圭	1.3	玻利维亚	0.3
巴西	1.6	土耳其	3.3	缅甸	1.2	欧盟	0.2
合计	92.8	合计	92.3	合计	95.5	合计	99.6

数据来源于：美国农业部。

表 7-3　2021/2022 年度全球粮食进口国前 10 位的国家（地区）及其占比

单位：%

稻米		小麦		玉米		大豆	
中国大陆	11.2	埃及	5.8	中国大陆	12.7	中国大陆	58.9

续表

稻米		小麦		玉米		大豆	
菲律宾	6.8	印度尼西亚	5.4	欧盟	10.2	欧盟	8.9
欧盟	4.3	中国大陆	4.8	墨西哥	9.6	墨西哥	3.8
尼日利亚	4.1	土耳其	4.8	日本	8.4	埃及	2.5
科特迪瓦	2.9	阿尔及利亚	4.2	韩国	6.3	阿根廷	2.3
伊拉克	2.7	伊朗	3.7	埃及	5.1	泰国	2.2
孟加拉国	2.4	菲律宾	3.5	越南	5.1	日本	2.2
沙特阿拉伯	2.4	巴西	3.3	伊朗	4.7	土耳其	1.9
塞内加尔	2.3	孟加拉国	3.2	加拿大	3.4	中国台湾	1.8
伊朗	2.3	尼日利亚	3.1	哥伦比亚	3.3	印度尼西亚	1.7
合计	41.5	合计	41.8	合计	68.6	合计	86.1

数据来源于：美国农业部。

3. 逆全球化持续打击全球正常粮食贸易

在全球粮食供需整体紧平衡与区域产销不平衡的情况下，跨国粮食贸易促进全球粮食供需平衡，在保障全球粮食安全方面发挥着重要作用。然而，近年来全球粮食贸易体系频繁遭到单边主义、保护主义冲击，扰乱了全球粮食贸易秩序，使得供需难以有效对接。2020 年新冠疫情以来，超过 30 多个国家限制粮食出口，包括俄罗斯禁止小麦、大麦、黑麦、玉米出口，乌克兰禁止小麦和燕麦出口，哈萨克斯坦禁止小麦和面粉出口，印度禁止小麦出口等，按照各国出口量占全球总出口量的比重计算，贸易限制措施波及全球小麦贸易量的 30%、玉米贸易量的 20%、大麦贸易量的 32%，进一步加剧全球粮食供需紧张，对市场产生不良预期，引发连锁反应、放大效应，推动粮食价格剧烈波动。如，2022 年 5 月 13 日，全球第二大小麦生产国印度宣布禁止小麦出口后，原本供需偏紧的全球小麦市场变得更加脆弱，再度推高国际小麦价格。5 月 16 日，芝加哥期货市场小麦主力连续期货收盘价涨至 1248 美分 / 蒲式耳，单日涨幅 5.6%，同比上涨 78%。

4. 资本炒作导致国际粮价急剧波动

在全球粮食供需没有明显缺口的情况下，粮食金融化、资本炒作是导致全球粮食价格剧烈波动的重要因素。相关研究发现，美元指数与国际粮价呈显著负相关关系。在宽松货币政策环境下，国际粮食价格对作物种植面积调整、产量变动、库存水平和突发事件反应敏感，一旦出现灾害性天气、库存下降或其他突发事件，投机资金就会进入粮食期现货市场，现货市场囤粮以及期货市场交易资金的增加都会导致粮食价格出现突然或不合理的上涨或下跌，使得价格在短期内偏离由供求决定的趋势价格。为应对新冠疫情，2020 年 3 月，美联储开启无限量量化宽松货币政策并延续至 2023 年 4 月份，在全球粮食供需紧平衡、美元流动性扩张下，大量投机资本涌入粮食市场，投机性净多头合约波动走高，推动包括粮食在内的国际大宗商品价格急剧上涨。

5. 原油价格通过成本效应和替代效应与粮价共振

近年来，全球玉米、大豆价格和原油价格的联动性明显增强，据测算，布伦特原油价格与玉米、大豆相关系数分别高达到 0.79 和 0.78，原油每上涨 1 美元 / 桶，将带动玉米、大豆价格上涨 5.03 美分 / 蒲式耳和 7.37 美分 / 蒲式耳。美联储宽松货币政策叠加俄乌冲突导致全球能源供应链受阻，国际原油价格大幅飙升，从 2020 年 3 月的 23.3 美元 / 桶涨至 2022 年 6 月的 114.7 美元 / 桶，涨幅高达 3.9 倍[①]。能源价格上涨不仅会刺激粮食需求，还会抬高粮食生产成本和运输价格。一方面，原油价格上涨会推升燃料油等产品价格，进而通过替代效应导致燃料乙醇等产品需求量提升，引起玉米、大豆等粮食价格上涨。另一方面，由于柴油、化肥等农业生产资料依赖于煤、油等化石能源，油价上涨会显著抬升主要粮食作物的生产成本。据世界银行数据显示，2022 年一季度，世界化肥价格上涨了 10%，其中，钾肥上涨了近 80%。

三、国际粮食市场波动对国内粮食安全的影响

近年来，我国粮食生产连年丰收、库存充足，供应有保障，国际粮食价格上涨对我国粮食安全的影响有限，总体可控。但我国粮食安全还存在一些风险敞口，国际粮价波动通过贸易、价格、成本等传导至国内市场，影响国家粮食安全。

① 数据来源于国际货币基金组织。

（一）贸易冲击：国内粮食进口呈现量降价升局面，国内口粮自给率高、供给有保障，但饲料粮供需缺口大，供给压力加大

受国际粮食价格上涨影响，国内粮食进口量减少，而进口金额大幅增加。据海关统计，2022 年 1 月至 8 月，我国进口粮食 1.03 亿吨，同比减少 9.9%，进口总金额达到 3682 亿元，同比增加 12.8%。分品种看，国际粮食市场波动对国内口粮供应影响有限，但饲料粮供应受到较大冲击。在最低收购价等政策、各类直补的激励下，我国稻谷、小麦生产实现连年丰收，供应宽松，库存充足，保持较高的自给率。美国农业部数据显示，2021/2022 年度，我国大米、小麦自给率为 96.2% 和 92.2%，库存消费比分别高达 73.0% 和 95.1%，进口主要是品种调剂或饲用，仅占国内消费量的 2% 左右。

玉米和大豆分别是饲料重要的能量原料和蛋白原料。受居民消费结构转型升级等因素影响，我国饲料粮消费快速增长，缺口不断扩大，国际粮食市场波动直接影响我国饲料粮进口，加剧供需缺口，“供不上”风险加大。据海关总署数据显示，受俄乌冲突、进口成本明显上涨影响，2022 年我国玉米进口量 2062 万吨，同比减少 27.3%。据农业农村部数据，2021/2022 年度国内进口玉米 2189 万吨，较上年度下降 767 万吨，降幅高达 26%；2022/2023 年度继续下滑至 1870 万吨，预计 2023/2024 年度为 1750 万吨，加剧国内玉米供应紧张。我国饲料蛋白供应主要来自进口的转基因大豆，年进

口量超过 9000 万吨，对外依存度超过 85%。由于巴西减产、美豆新季产量不及预期，外盘供需格局偏紧，导致前期美豆价格持续强于国内油粕，叠加人民币贬值，国内进口大豆压榨深度亏损，油厂采购消极，进口大豆到港量减少。2023 年 1 月至 8 月，大豆进口数量为 5416.7 万吨，同比减少 5.9%，进口金额增加 18.1%（1967.2 亿元）。农业农村部数据显示，2021/2022 年度国内大豆进口量 9160 万吨，较上年度减少 818 万吨（8.2%）；2022/2023 年度提高至 9984 万吨。

（二）价格冲击：国际粮食市场供需形势对国内市场情绪产生影响，部分粮油品种跟涨明显，稳价压力增大

随着国内外粮食市场深度融合，国内粮价受国际粮食市场相关信息的影响越来越明显，对国际市场变化更加敏感，导致玉米、大豆和食用油等进口量较大、市场化程度较高的粮食品种价格波动加大。在最低收购价政策调控下，国内稻米市场运行平稳。但是国内玉米连年产不足需，库存逐年降低，产需关系趋紧。特别是 2020 年以来，随着生猪产能恢复，玉米产需缺口凸显，加之缺少库存抛售对市场的补充，为资本炒作玉米涨价提供了想象空间。在追求利益最大化，强烈看涨粮价的预期下，各路资金纷纷涌入玉米期现货市场，国内玉米价格明显上涨，并带动小麦与玉米价差不断缩小，甚至出现倒挂，导致小麦大量替代玉米作为饲料，小麦需求不断上升，叠加国际市场小麦价格上涨等因素，在连年增产的情况下，国内小麦价格也明显上涨。2020 年初，全国粳稻、

小麦和玉米的平均收购价格分别为 2599 元 / 吨、2319 元 / 吨、1755元/吨,2022年9月21日，三者的价格分别为2717元/吨、3051 元 / 吨、2720 元 / 吨，涨幅分别为 4.5%、31.6%、55%。

大豆是我国进口量最大的粮食品种，由于品种用途差异，分为食用大豆和榨油饲用大豆两类。其中，食用大豆主要由国内生产，总产量基本能够满足消费需要；榨油饲用大豆主要从美国、巴西、阿根廷等国家进口，对外依存度超过95%。2020 年以来，受供应偏紧、资本炒作等影响，国产大豆价格大幅上涨，2022 年 8 月份，山东大豆入厂价每斤 3.26 元，美国大豆离岸价折人民币每斤 2.06 元，比山东地区国产大豆入厂价低 1.20 元①，国内外价差拉大，基本形成国产大豆与进口大豆“两个市场”格局。但是由于转基因大豆进口成本上升，导致下游豆油和豆粕价格大幅上涨。2020 年 1 月至 2022 年 10 月，国内豆油和豆粕平均价格分别从 7029 元 / 吨和 2818 元 / 吨涨至约 10995 元 / 吨和约 5497 元 / 吨，累计涨幅为 56% 和 95%②。

（三）成本传导：油价带动农资上涨，抬高粮食生产成本，饲料成本上升加大下游养殖业波动，国内通胀风险加大

国际高油价带动农资价格上升，农机作业费用增加，提

---

① 数据来源于农业农村部。

② 数据来源于 Wind 数据库。

升国内种粮综合成本，不仅挤压农民种粮收益，还会抬高粮价底部，带动饲料、养殖成本上升，推高肉类价格。

一方面，降低农民种粮积极性。《全国农产品成本收益资料汇编2021》显示，2020年我国每亩稻谷、小麦、玉米、大豆和油菜籽净利润分别仅为49元、–17元、108元、–60元和–139元，而蔬菜每亩平均净利润高达3802元。农资和服务费是我国粮食生产中的最大成本，而在物质和服务费中，农机作业费、化肥成本各占1/3。我国钾肥50%依赖进口，2021年从俄罗斯和白俄罗斯进口钾肥总量占我国当年进口总量的53%。受俄乌冲突影响，我国钾肥进口受阻。在春耕以及国际化肥价格飙升的带动下，国内化肥价格持续攀升，2022年5月9日，国内化肥批发价格综合指数同比上涨41.5%，其中尿素、氯化钾和复合肥批发价格指数同比上涨38.1%、89.6%和42.3%，而同期，国内小麦、玉米、粳稻、中晚稻平均现货价格变动分别为27.5%、–0.6%、–7.7%和–7.3%[①]。农资价格涨幅远高于粮食价格涨幅，将进一步挤压种粮净收益，降低农民种粮积极性。

另一方面，增加国内输入性通胀风险。国家统计局数据显示，2022年9月国内居民消费者价格水平环比上涨0.3%，同比上涨2.8%。从具体分项看，食品类涨幅最大，同比上涨8.8%。其中粮食、猪肉和食用油同比分别上涨3.6%、36%和8.3%。饲料成本占生猪养殖成本的65%，猪肉价格上涨

① 数据来源于Wind数据库。

与国际玉米和大豆价格高度相关。据中国粮食商业协会数据显示，受玉米、豆粕等饲料粮价格上涨影响，2022 年 7 月，国内全价料价格同比上涨 8%～10%，浓缩料价格同比上涨 15%～20%。在养殖成本上涨带动下，2022 年 4 月至 9 月，全国育肥商品猪平均价格由 13.3 元 / 公斤上涨至 23.7 元 / 公斤，涨幅达 79%[①]。将进口的大豆、油菜籽等油料折算为油，加上直接进口的食用植物油，经测算，我国食用植物油对外依存度超过 70%。因此，国内食用油价格上涨主要由国际价格上涨所致。

四、相关政策建议

（一）立足国内供应，提高粮食安全保障能力

一是全面落实粮食安全党政同责。把粮食安全责任落实到粮食生产、收购、储备、加工销售、消费等各环节，将加大耕地保护建设力度、稳定粮食播种面积和产量、保供稳市、地方粮食储备安全管理和应急保障能力建设等作为考核的重中之重，完善考核方式，适当降低自查评分权重，加强实地抽查力度，强化考核结果应用，探索多样化的奖惩措施，压紧压实地方党委政府粮食安全责任。二是提高粮食综合生产能力。深入实施“藏粮于地”“藏粮于技”战略，坚决守住

① 数据来源于 Wind 数据库。

18 亿亩耕地红线，强化黑土地保护利用，持续完善农田水利基础设施，强化中低产田改造力度，加大高标准农田建设力度，提高农业抗灾救灾能力。深入开展种业振兴行动，加大对育种关键核心技术研发与重大品种的培育力度。三是调整优化粮食生产结构。在稳口粮的同时，采取经济手段和可考核的措施，努力扩大玉米、大豆和油料生产，推广大豆玉米带状复合种植，对长江流域及传统油菜籽种植区域给予适当扶持。四是加快构建农业补贴、价格支持、保险政策“三位一体”的种粮收入保障政策体系，让种粮农民经济上不吃亏，提高种粮积极性。加大粮食主产区中央政府一般性转移支付力度，探索建立产销区横向利益补偿机制，提高地方政府重农抓粮积极性。

（二）开源节流，夯实粮食安全基础

一是深挖粮食增产空间。科学开发利用后备耕地资源，调整优化支持政策，有序释放新疆、云南、甘肃等后备耕地资源丰富地区的粮食生产潜力。比如，目前新疆尚有宜耕后备土地资源 1.7 亿亩，其中在统筹利用全区水资源前提下可开发宜耕后备土地资源 4700 万亩，按 2021 年新疆粮食单位面积产量 947 斤 / 亩测算，则可增产粮食 444.9 亿斤。二是拓展食物增长空间。坚持“大食物观”，统筹发展粮食和肉蛋奶等其他食物资源，构建多元化食物供给体系。因地制宜开发利用我国广袤的草地、林地、湿地和水面资源，充分释放蔬菜、瓜果、肉蛋奶、水产等生产潜力，实现农、林、牧、渔产业

协调发展，食物内容多样、营养丰富多元的供给格局。三是大力开发饲料低蛋白养殖技术，通过采用添加氨基酸、增加杂粕等方式，优化蛋白添加比例，减少豆粕添加量，降低饲料养殖行业对蛋白粕尤其是豆粕的过度依赖，减少大豆进口。据农业农村部统计，2021 年全国养殖业消耗饲料中豆粕占比下降到 15.3%，节约豆粕 1100 万吨，折合大豆 1400 万吨，相当于 1 亿多亩耕地产出。四是全面实施粮食节约行动。立法规范粮食产购储加销各环节节粮减损，强化全链条各环节损失损耗控制，强化全民节约意识，引导居民改善膳食结构，适当减少肉类摄取量，推动粮食科学减损和营养健康消费。据有关测算，我国每年仅餐桌食物浪费量达 1700 万～1800 万吨，相当于 3000 万～5000 万人一年的食物量[①]，减少粮食损耗和浪费就相当于粮食增产。

（三）外防输入，加强粮食市场监测和调控力度

一是加强粮食市场监测预警和预期引导。建立全球粮食供求和市场数据平台，密切跟踪全球粮食生产、库存和流通等情况，构建粮食安全跨国监督预警机制，全方位多渠道发布市场信息，敏锐感知市场波动苗头风险，及时研判、发布预警，用专业权威声音有效引导舆情、稳定预期，加大正面舆论宣传，防止国际粮价波动输入、传导国内。二是系统完

① 数据来源于中国科学院地理科学与资源研究所和世界自然基金会 2018 年联合发布的《中国城市餐饮食物浪费报告》。

善粮食市场调控。坚持系统思维，提高粮食市场调控和补贴政策的前瞻性、协同性和精准性，从解决体制性矛盾入手，有效防范粮食市场供求、价格波动的周期性结构性风险。科学确定政府各类、各级粮食储备规模，完善储备品种布局，理清各类储备粮功能定位和逻辑关系，建立健全协同运作机制，加强跨周期政策设计和逆周期调节，充分发挥储备吞吐调节、稳定市场作用。科学设定地方粮食储备目标，各地尤其是粮食主销区应根据本地人口规模、耕地面积、粮食消费量等保持一定规模的粮食储备，确保本地粮食供应不断档、不脱销。三是加强市场监管，严厉打击投机资本炒作。建立健全国内粮食期货市场运行机制，规范期货交易秩序，加强期货市场监管，杜绝投机资本炒作粮食期货，降低国际期货对国内粮食期货市场的影响。探索实施失信黑名单制度，督促企业规范经营，对哄抬粮价、囤积居奇的，依法查处，严厉打击，严肃追责问责。同时，加强农资市场监管执法，稳定农资价格。

（四）主动作为，加强粮食国际合作

统筹国内国际两个市场两种资源，畅通国内国际循环，提高国际粮食供应链的安全性和可靠性。一是充分发挥我国粮食贸易大国优势，加强与共建“一带一路”沿线国家粮食合作，适度扩大绿色、优质农产品进口规模，巩固双边多边合作关系，共同打造国际粮食合作新平台。二是实施多元化进口策略。面对我国饲料粮特别是大豆需求存在巨大缺口、

进口来源地高度集中的客观现实，要重点开拓新的进口市场，有序放开玉米、小麦、大豆、油菜籽、花生、葵花籽、蛋白粕等进口国家限制，通过替代品进口来推进饲料原料多元化，分散和对冲饲料粮贸易风险，防范进口渠道单一和主要贸易伙伴政策变动带来的政策风险和市场风险。三是加快培育具有国际影响力的跨国粮食企业。加大战略规划、金融贷款、人才技术、信息服务等方面的支持力度，鼓励有条件的企业灵活运用产能合作、股权投资等多种合作方式，强化海外粮源布局，参与国际粮食运输通道、物流基地建设及港口基础设施建设，深度融入全球粮食生产、加工、物流、营销及贸易产业链、价值链与供应链，确保海外粮食“买得到”“运得回”。四是积极参与国际治理。加强与联合国粮农组织、国际谷物协会等国际组织协调共商，深度参与全球农业贸易与投资规则的改革和完善，创新国际农业合作机制，维护发展中国家在全球粮食贸易中的合法权益。完善国际政策协调，呼吁各国努力保障全球贸易畅通，采取实质性措施消除壁垒，审慎发展以粮食为原料的生物质能源，确保全球粮食供应链有效运转和持续推进。

参考文献

[1]蔡海龙，2013.近年来世界粮价波动原因及我国的对策[J].甘肃社会科学(6): 198-201.

[2]丁守海，2009.国际粮价波动对我国粮价的影响分析[J].经济

科学(2):60-70.

[3]傅晓，牛宝俊，2009.国际农产品价格波动的特点、规律与趋势[J].中国农村经济(5):87-96.

[4]高帆，龚芳，2011.国际粮食价格的波动趋势及内在机理：1961—2010年[J].经济科学(5):5-16.

[5]李先德，王士海，2009.国际粮食市场波动对中国的影响及政策思考[J].农业经济问题，30(9):9-14.

[6]联合国粮农组织(FAO)，2022.世界粮食安全和营养状况2022[EB/OL].[2022-07-06]. https://www.fao.org/publications/sofi/zh/.

[7]刘慧，2022.谨防水稻金融化危及粮食安全[N].经济日报，2022-08-01.

[8]刘丽，孙炜琳，王国刚，2022.高水平开放下国际粮食价格波动对中国农产品市场的影响[J].农业技术经济(9):20-30.

[9]王晓辉，鲁珂君，2021.国际市场大宗商品30年价格史[J].中国粮食经济(3):47-52.

[10]杨万江，刘琦，2017.国际粮价波动特征及其随机冲击效应研究——以大米价格为例[J].农业现代化研究，38(4):589-596.

[11]曾伟，2023.国际粮食市场波动对我国粮食安全的影响与应对策略[J].农村经济(7):87-94.

[12]张秀青，2022.国际市场动荡不定 粮食安全首当其冲——2020年以来国际粮食市场及其对我国的影响研究[J].价格理论与实践(10):37-41.

[13]张云华，赵俊超，秦中春，等，2022.将新疆建设成国家战略后备粮仓[R].国务院发展研究中心调查研究报告.

[14]这10年稻谷市场“压舱石”名副其实[N].粮油市场报，2022-10-15(3).

[15]郑祖庭，2021.当前国产大豆市场形势及有关建议[J].黑龙江粮食(5)：46-48.

[16]中国投资咨询网，2017.农产品价格与原油价格有显著的正向联动关系[EB/OL].[2017-02-08].http：//m.ocn.com.cn/chanjing/201702/rehhu08114138.shtml.

[17]朱晶，李天祥，臧星月，2021.高水平开放下我国粮食安全的非传统挑战及政策转型[J].农业经济问题(1)：27-39.

[18]朱晶，臧星月，李天祥，2021.新发展格局下中国粮食安全风险及其防范[J].中国农村经济(9)：87-96.

第八章
本轮国际谷物价格波动特征、原因与应对策略[①]

2020年下半年以来，受多重因素影响，国际谷物价格急剧上升、剧烈波动，谷物价格指数创有记录以来的最高水平，全球粮食安全状况恶化。在最低收购价政策、玉米临时收储政策及生产者补贴政策等一系列惠农政策支持下，我国谷物生产连年丰收、库存充足，国内谷物价格波动幅度远低于国际市场，国内谷物价格韧性明显强于国际谷物价格，但是近年来国内谷物进口大幅增加，进口依存度明显提高，国际谷物价格上涨的输入性传导性风险明显增强，影响国家粮食安全。

一、本轮谷物价格波动特征

（一）价格急剧上升

2015—2019年国际谷物价格略有波动，总体运行平稳。

① 本章内容刊发于《中国物价》2023年第10期，并进一步作了修改完善。

但是，受新冠疫情、自然灾害、宽松货币政策、俄乌冲突等因素影响，2020 年 7 月开始，国际谷物价格大幅上涨，直到 2022 年 5 月，持续了 30 个月。尤其是 2021 年 9 月至 2022 年 5 月，国际谷物价格上涨最为迅猛。据世界银行数据（图 8–1），2022 年 5 月国际谷物价格指数由 2021 年 9 月的 118 点涨至 169 点，创 1960 年以来最高水平，上涨 42.9%，月均涨幅高达 4.6%。

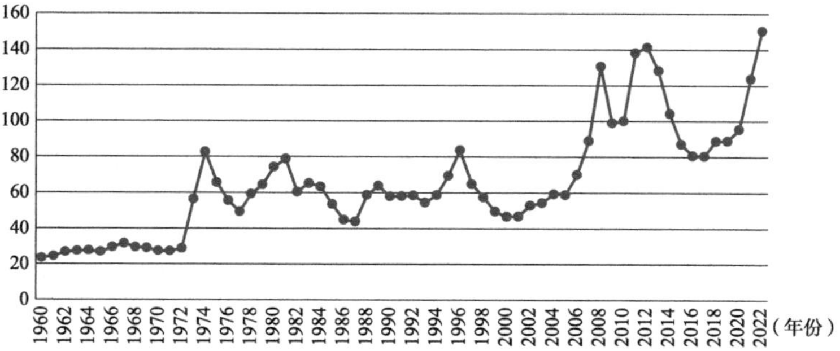

图 8–1　1960—2022 年国际谷物价格指数变化趋势

注：数据来源于世界银行。

（二）价格波动剧烈

从 2020 年下半年开始，国际谷物价格波动幅度明显加大，频率明显加快（图 8–2）。2017—2019 年国际谷物价格的变异系数为 5.7%；价格环比变化幅度超过 5% 的月份有 7 个，占样本量的 29%。而 2020—2022 年国际谷物价格的变异系数高达 19.5%；环比变化幅度超过 5% 的月份有 10 个，占样本量的 42%。粮食作为生活必需品，消费相对刚性，市场消费需求不会突然大幅增加，2022 年 3 月国际谷物价格环比大幅上涨 14.5%，这种变化脱离了市场供求基本面决定的趋势价格。

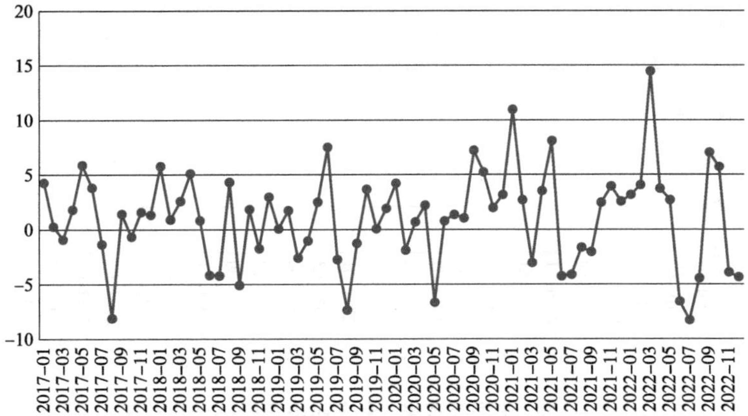

图 8-2　2017—2022 年国际谷物价格波动情况（%）

（三）不同谷物价格变化差异明显

从趋势看（图 8-3），2020—2022 年，国际玉米价格涨幅最大，年平均价格由 165.5 美元 / 吨涨至 318.8 美元 / 吨，上涨 92.7%；国际小麦年平均价格由 231.6 美元 / 吨涨至 430.0 美元 / 吨，上涨 85.7%；而国际稻米年平均价格由 496.8 美元 / 吨降至 436.8 美元 / 吨，下降 12.1%。从波动幅度看，2017—2019 年国际玉米、小麦和大米价格的变异系数为 6.4%、10.2% 和 5.1%，而 2020—2022 年 3 种谷物的变异系数为 27.2%、28.0% 和 10.2%。从波动特点看，小麦价格波动幅度最大，与玉米价格波动具有较强的同步性，2019—

2022 年，小麦与玉米价格同步增减的月份为 40 个，占样本量的 83.3%。

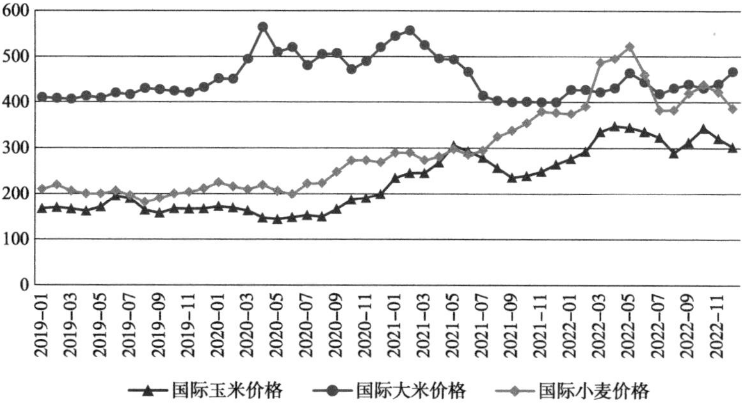

图 8–3　2019—2022 年国际玉米、大米和小麦价格变化趋势（美元/吨）

注：数据来源于世界银行。

二、本轮谷物价格波动的原因

（一）产需趋紧支撑全球谷物价格走高

从生产看，受拉尼娜现象影响，全球极端天气频发，导致美国、加拿大、巴西等主要粮食生产国减产。比如，2021/2022 年度美国和加拿大由于极端高温小麦分别同比减产 10% 和 37%。从需求看，新兴市场国家快速崛起，随着其消费结构升级，肉蛋奶消费明显增加，引发谷物饲料需求快速增长。同时，国际原油价格飞涨刺激以粮食为原料的生物燃料生产，带动粮食消费需求大幅增长。《OECD–FAO农业展望2021—2030》数据显示，2022年美国用于生产生物燃料乙醇所消耗的玉米约1.46亿吨，占美国玉米总生产量的39.1%。生物燃料对粮食的旺盛需求已成为全球谷物价格高涨的重要因素。库存消费比是反映谷物产需平衡情况的重要指标，与国际谷物价格存在显著的负相关关系，库存消费比走低将拉升谷物价格。据美国农业部数据，近年来全球谷物库存消费比持续下降，预计2022/2023年度全球谷物库存消费比降至6年来最低水平（图8–4）。

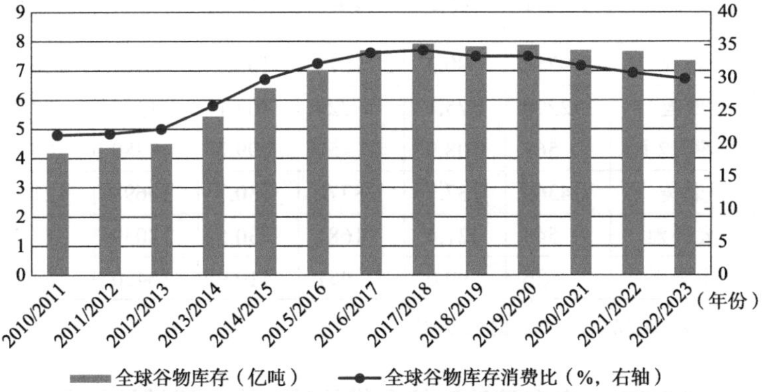

图8–4　近10年全球谷物库存及库存消费比变化趋势

注：数据来源于美国农业部。

（二）贸易秩序失衡加剧国际谷物价格波动

全球粮食产需长期分布不均（表8–1），地广人稀的北美、南美、东欧、大洋洲等地区粮食供过于求；而人口稠密的非

表 8-1　全球不同区域谷物产需结余和自给率情况

区域	1960/1961 年度		2000/2001 年度		2022/2023 年度	
	产需缺口（万吨）	自给率（%）	产需缺口（万吨）	自给率（%）	产需缺口（万吨）	自给率（%）
加勒比海	−74	54.6	−412	24.3	−499	22.8
中美洲	−29	83.3	−370	46.5	−834	33.4
东亚	−1559	86.3	−6887	83.8	−18623	76.3
中东	−257	82.9	−2474	60.4	−6250	43.5
北非	−140	84.2	−2745	41.2	−4604	38.2
东南亚	139	104.0	−581	95.1	−3765	80.0
撒哈拉以南非洲	131	109.5	−1643	73.9	−3942	75.6
南亚	−752	90.3	1871	108.6	187	100.5
欧盟	−2298	75.1	729	104.1	−1462	92.9
苏联 12 国	567	108.9	−57	99.2	9380	185.4
北美	4369	137.7	8770	130.7	10698	121.7
大洋洲	548	321.4	1681	330.5	3039	383.9
南美洲	−26	99.0	951	110.9	16450	164.7

注：数据来源于美国农业部。

洲、东南亚、中东等地区粮食供给缺口大，区域性粮食供给不平衡问题突出，跨国粮食贸易对促进全球及区域粮食供求平衡发挥着重要作用。然而，新冠疫情及地缘冲突扰乱了全球粮食供应链，加剧部分地区粮食短缺，引发国际粮价上涨。一方面，新冠疫情及俄乌冲突导致全球粮食物流运输受阻。2020 年以来，新冠疫情在全球范围内蔓延，影响到了全球粮食供应链条的正常运转效率；2022 年俄乌冲突爆发后，黑海地区粮食出口显著下降，加剧了中东和北非乃至全球粮食市场的供应压力。预计2022/2023年度乌克兰玉米、小麦出口量分别减少648万吨、584万吨，同比下降24%和31%[①]。另一方面，新冠疫情、俄乌冲突、极端气候等多种黑天鹅事件叠加的背景下，全球粮食供应不确定性增加，一些粮食生产国纷纷实施出口限制政策以优先保障本国供应（表8-2），而进口国又会采用税收优惠政策刺激进口、扩大储备，短期内强化谷物供需矛盾，增加了谷物价格的上行压力。

表8-2　新冠疫情及俄乌冲突爆发后部分国家限制粮食等出口

国家 / 地区	时间	禁止 / 限制出口的种类	国家 / 地区	时间	禁止 / 限制出口的种类
哈萨克斯坦	2020-03-22	小麦	摩尔多瓦	2022-03-01	小麦、玉米
越南	2020-03-24	大米	匈牙利	2022-03-04	管制谷物出口
俄罗斯	2020-04-01	设置各种粮食出口配额	乌克兰	2022-03-09	小麦、燕麦、荞麦、粟米
欧亚经济联盟	2020-04-12	荞麦、黑麦、谷类和粗面粉、谷物颗粒、荞麦谷物等	塞尔维亚	2022-03-10	小麦、玉米、面粉
柬埔寨	2020-04-05	白米、稻米	埃及	2022-03-12	玉米

① 数据来源于美国农业部。

续表

国家/地区	时间	禁止/限制出口的种类	国家/地区	时间	禁止/限制出口的种类
俄罗斯	2021-06-05	荞麦、荞麦米	俄罗斯	2022-03-14	小麦、黑麦、大麦和玉米等谷物
吉尔吉斯斯坦	2021-06-23	小麦、大麦、玉米、大米、燕麦、小麦粉等	白俄罗斯	2022-03-28	大米、黑麦、大麦面粉及加工谷物
哈萨克斯坦	2021-08-15	暂停出口燕麦和黑麦；限制出口软质小麦、大麦等	印度	2022-05-13	小麦
白俄罗斯	2021-09	小麦、黑麦、大麦、燕麦、玉米、荞麦、小米、黑小麦等	阿富汗	2022-05-19	小麦
喀麦隆	2021-12-27	暂停出口当地生产的谷物			

（三）金融化趋势为国际谷物价格波动推波助澜

作为刚性需求最为明显的大宗商品，国际谷物的投资品属性显著增强，国际谷物市场与期货市场、货币市场联动性日趋加深，谷物价格不再简单由供求基本面决定，而是越来越受国际主要货币的供应、汇率和利率等因素影响，金融因素已成为影响国际谷物价格的重要因素。随着美元主导的国际货币体系逐渐形成，包括谷物在内的主要大宗商品的定价和贸易结算均以美元作为媒介货币，美联储货币政策逐渐成为影响国际谷物价格的关键性因素。2020年新冠疫情全球暴发后，为防止经济衰退，以美国为代表的西方发达国家开启新一轮大规模的量化宽松货币政策，国际通胀预期上升，以美元标价的谷物价格上涨。同时，在全球谷物供需趋紧、流动性扩张下，资本为了避险大量涌入国际谷物市场，管理基金在粮食期货和期权市场上的多头持仓量激增，推动包括粮食、石油在内的国际大宗商品价格急剧上涨，脱离供求基本面决定的趋势价格。

（四）国际化肥价格大幅上涨推高谷物生产成本

化肥成本是粮食生产成本的重要组成部分。2020年新冠疫情暴发后，全球大部分国家高度重视粮食安全，采取各种措施刺激粮食生产，国际化肥需求大幅增长，加之石油、天然气、硫黄等化肥原料价格上涨，导致国际化肥价格有所抬升（图8–5）。同时，全球化肥市场供应高度集中，2021年俄罗斯是全球最大的氮肥出口国，也是全球第二大磷肥生产国及全球第三大钾肥出口国，其钾肥、磷肥出口量分别占全球出口市场的27%和14%[①]。俄乌冲突爆发后，由于出口物流受阻及受到多方面的制裁，俄罗斯和白俄罗斯化肥出口量大幅下降，加剧全球化肥供应紧张，国际化肥价格飙升，带动粮食的生产成本提升，支撑粮食价格上涨。据世界银行数据，2020年1月至2022年4月，国际化肥价格指数从70.8

① 数据来源于联合国粮农组织（FAO）。

点飙升至 255.0 点，上涨 265%。这一时期，国际尿素价格从 215 美元 / 吨涨至 925 美元 / 吨，上涨 329%；国际氯化钾价格从 245 美元 / 吨涨至 562 美元 / 吨，上涨 130%。

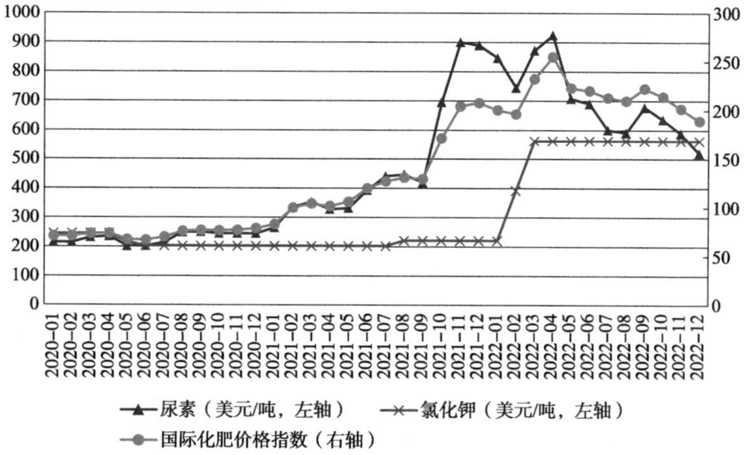

图 8–5　近年来国际化肥价格变化趋势

注：数据来源于世界银行。

三、相关政策建议

近年来，我国谷物连年稳产增产、库存储备充足，做到了“谷物基本自给、口粮绝对安全”，国际谷物价格波动对我国谷物安全的影响有限，总体可控。但是，国内粮食供需紧平衡是客观现实，谷物净进口成为常态化。2022 年小麦、玉米、大米三大主粮均超进口配额，进口依存度明显提高且进口来源高度集中，国际市场输入性传导性风险明显加大，影响国家粮食安全。为端牢中国饭碗，建议立足国内提高粮食综合生产能力，构建多元化食物供给体系，加强粮食市场监测预警，调控和实施进口多元化战略，全方位夯实粮食安全根基。

（一）提高粮食综合生产能力

牢牢抓住耕地和种子两个要害，深入实施藏粮于地、藏粮于技战略，夯实生产基础。严守18亿亩耕地红线不动摇，强化国土空间规划和用途管制，坚决遏制耕地“非农化”“非粮化”，推进全域土地综合整治、高标准农田建设和中低产田改造，健全完善耕地保护经济激励机制，支持鼓励种粮大户、家庭农场等规模化经营主体积极参与“吨粮田”创建。深入推进种业振兴，大力发展现代生物技术，推进种质资源改造，开展优良品种和核心技术联合攻关。强化企业技术创新主体地位，引导各类资源要素向重点优势企业集聚，支持“育繁推一体化”种子企业与科研教学单位合作开展商业化育种，促进产学研深度融合、育繁推一体化发展。不断健全完善粮食生产支持政策，保障农民种粮基本收益，强化主产区利益补偿机制，保护和调动各地区、各部门和广大农民发展粮食生产的积极性。

（二）构建多元化食物供给体系

顺应我国城乡居民食物消费结构变化趋势，以保障国家粮食安全为基础，统筹谷物、肉类、蔬菜、水果等各类食物生产和发展，在严格保护生态环境的前提下，践行大食物观，跳出“食物主要来源于耕地”的传统农业思维模式，充分挖掘各类自然资源潜力，向森林、草原、江河湖海、设施农业、食品科技等要食物，大力发展林下经济，绿色经济、生物科技等产业，推动食物来源结构多样化，形成与市场需求相匹配的多元食物供给结构，更好地满足人民美好生活需要，为健康中国筑牢根基。在拓展食物来源的同时，也要注重减少食物损失浪费，推动粮食全产业链节约减损，倡导健康科学的消费文化，开展厉行节约、反对浪费行动，将节约食物和科学饮食纳入学校教育内容。

（三）加强粮食市场监测预警和调控

以粮食信息监测、分析预警、信息发布等为核心，建立健全全球粮食市场监测平台，完善国内外粮食市场监测分析和预警体系，密切跟踪国内外市场变化，提高信息发布及时性和权威性，提高进出口节奏掌控力。加强对投机资本的监控，强化粮食期现货市场联动监管，加大投机炒作打击力度，对大额交易主体进行窗口指导，严防投机商囤积居奇。发挥好储备功能对国际国内市场联动风险进行精准调控，加强储备吞吐调节，健全粮食储备体系和应急供应网络，完善中央储备、地方储备和企业储备协同联动机制和运行机制，明确不同储备主体的责任与分工，适应新时期消费需求调优储备粮品种、规模和布局，适当增加玉米和大豆储备比例，切实提升粮食收储调控效能。

（四）实施多元化粮食进口策略

开展全球农业资源和生产分析，充分考虑国际市场变动等因素，系统谋划重点品种海外布局，在南美、欧洲和东南亚等地区开拓新的粮食进口来源，拓展新兴进口渠道，加快构建安全可靠的进口来源，避免过于集中、过分依赖少数国家，防止受制于人。支持有条件的粮食企业进行海外粮食全产业链投资，注重通过技术、资金、贸易、流通等渠道深度参与所在国粮食收购、加工、存储等环节，实现境外规模化粮食生产、加工基地与配套港口、仓储、物流有机整合，锁定粮源。积极参与全球粮食安全治理与制度变革，深化区域粮食安全合作，推动各国加强粮食政策协调，促进形成公平公正的国际粮食秩序。

参考文献

[1]蔡海龙，2013.近年来世界粮价波动原因及我国的对策[J].甘肃社会科学（6）: 198-201.

[2]高帆，龚芳，2011.国际粮食价格的波动趋势及内在机理：1961—2010年[J].经济科学（5）: 5-16.

[3]郭栋，2022.乌克兰危机影响国际粮食安全的逻辑及对策[N].金融时报，2022-11-07.

[4]李先德，王士海，2009.国际粮食市场波动对中国的影响及政策思考[J].农业经济问题，30（9）: 9-14.

[5]农业部农产品贸易办公室，农业部农业贸易促进中心，2021.

中国农产品贸易发展报告2013[M].北京：中国农业出版社.

[6]肖锐，冯如雪，李亚东，2022.新一轮全球粮食价格高涨分析[J].中国金融（15）：58-59.

[7]曾伟，2023.本轮国际谷物价格波动特征、原因与应对策略[J].中国物价（10）.